丁翔华 著

艺人小志

中华书局

图书在版编目(CIP)数据

艺人小志/丁翔华著. —北京:中华书局,2017.11
ISBN 978-7-101-12732-4

Ⅰ.艺… Ⅱ.丁… Ⅲ.艺术家-生平事迹-中国-民国
Ⅳ.K825.7

中国版本图书馆 CIP 数据核字(2017)第 244841 号

书　　名	艺人小志
著　　者	丁翔华
责任编辑	李保民
出版发行	中华书局
	(北京市丰台区太平桥西里 38 号　100073)
	http://www.zhbc.com.cn
	E-mail:zhbc@zhbc.com.cn
印　　刷	北京瑞古冠中印刷厂
版　　次	2017 年 11 月北京第 1 版
	2017 年 11 月北京第 1 次印刷
规　　格	开本/787×1092 毫米　1/32
	印张 7⅜　插页 4　字数 130 千字
印　　数	1-6000 册
国际书号	ISBN 978-7-101-12732-4
定　　价	36.00 元

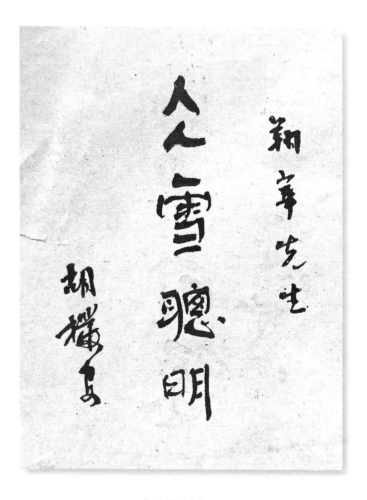

人人雪聰明

翔宇先生

胡樾〔印〕

名流题词之一

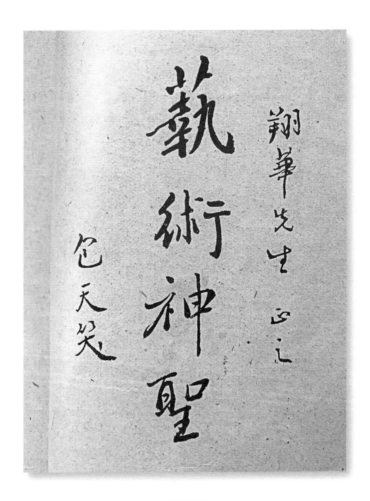

艺术神圣

翔华先生正之

包天笑

名流题词之二

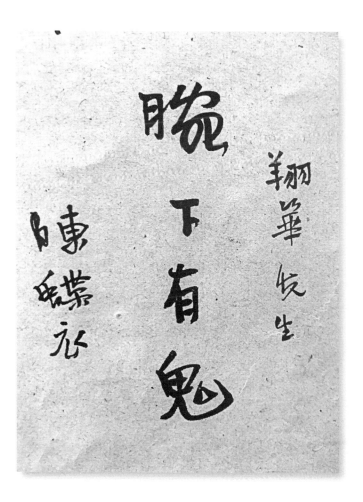

腕下有鬼

翔华先生

陈蝶衣

名流题词之三

精益求精

狮华先生

王震

名流题词之四

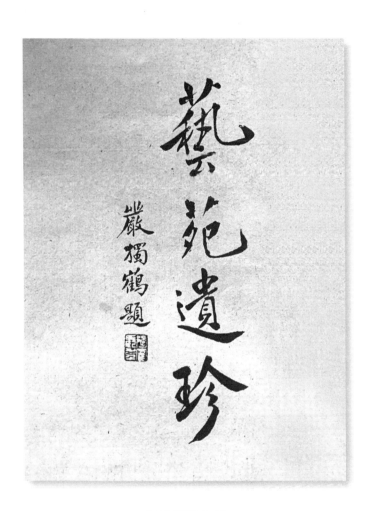

藝苑遺珍

嚴獨鶴題

名流题词之五

丁郎才調稱無敵蕙
析蘭摧劃可哀縛帳
緗囊方念主詩魂應
化鶴殊未
敬題
翔華先生遺集　周瘦鵑

名流题词之六

目　录

卷上

卷中

卷上

小 引

古曰六艺：礼、乐、射、御、书、数。《鲁论》曰："求也艺。"《史记·伯夷传》曰："夫学者载籍极博，犹考信于六艺。"今曰八艺：文学、音乐、绘图、剧曲、建筑、雕刻、跳舞、电影。不佞以为艺者，能也。凡诗、文、书、画、琴、棋、篆刻、拳剑、星、相、医、卜，以及其他有独特之长者，均艺也。翔华行年廿一，见闻有限，兹以病中无聊，口述《艺人小志》，命内子舒云笔录，以运甓习勤之意，寓其景行行止之怀。代无远近，人无今古，有忆则记，有知则详，使艺人芳名，传播于读者之前，想亦为关心艺术者所乐闻欤。

王一亭

　　王先生一亭，名震，别署白龙山人，上海浦东周浦镇人。以世居浙江吴兴，作品题识，皆署吴兴王震，以示不忘本来，洵敦厚人也。书法骏爽雅健，画臻神妙之境，诗则悲天悯人，有裨世道。近代三绝，允推巨擘。

　　年十四，辍学习商，从彭筱亭学为诗文，岁入既足赡家，乃更致力绘事，摹写蒋紫雯遗画。弱冠艺坛知名，一时名画家胡公寿、蒲作英、虚谷上人，并相酬酢，于任伯年，则朝夕过从尤密。问学既广，造基益深。

　　逮革命军兴，与建国诸子拥戴孙总理，设临时政府于南京，先生虽于此一任农商部长，兼交通部长，未几去职。尝曰：任重才疏，必多陨越，且奠国体而共和，大愿已偿，宁退处，娱丹青，奉老母也。为国忠，为子孝，为社会造福。与人交，言而有信，笃信佛学，茹素参禅。公余运匠心，多绘佛像、忠孝像、圣迹图、流民图，劝善警恶，寓意深长。故重先生画者，咸谓先生笔墨外犹有所事,洵不诬也。

先生中岁,与吴昌硕先生往还最久,意气相投。他若李梅庵、朱古微、沈寐叟、康南海,亦时相过从。吴先生曰:"王君今世郑虔也。"不佞曰:"过之。"

"八一三"沪战爆发,先生洁身渡港。上年十一月,得疾返沪,次日(十三日)寿终觉园,年七十有二。

先生晚岁,尤喜奖后进,翔华曾蒙先生法挥"蜗牛居士书印一隅",冠于直例之首。又于一家春席上,立题"精益求精"以勖。

呜呼!翰墨永宝,人琴邈杳,追念仁风,不胜黄垆腹痛之感矣。

范文虎

范文虎明经,甬东之名医也。体格魁梧,精神矍铄,佯狂玩世,不矜小节,寓居江东,以医鸣于时。为人书件,写大字,用小笔,无姓留名,以示与范绝。能用古方,药不过二三味,治伤寒尤著盛誉。诊治脉案,标曰《太公兵书》,自诩曰"用药如良将将兵,兵不在众而在精。药虽施于医手,方多传自古人,古胜于今,吾从古人,服吾药者,九生一死,功过相抵而有余"云云。滔滔雄辩,口若悬河。切脉时,禁人娓娓话病状。有请其药味加重者,彼于方上大书"石磨一具"。执而问之,彼答曰:"汝喜重,凡物之重,莫逾于石磨也。"有不知其颠狂,请其轻描淡写者,彼振笔书灯芯三根,或有絮聒不休,则更书门神眼睛一对以与之。乡愚无知,以为神方,心理之信仰,亦有依其方而愈者,人皆以"范大糊"目之,彼闻之不以为忤,反自鸣得意。

衣直裰,首戴笠,不僧不俗。出门驾舆,间亦乘车,招摇过市,目空一切。途遇稔者,颔之而已。善饮啖,每食能尽脱粟四五器。性慈善,赈恤贫寒,故无居积。门不悬牌,诊金特廉,待诊者常满室。长途来者,屏息点号而进,无敢纷拏,以取其憎。

历任国医会会长,老气横秋。嗜阿芙蓉,晨起常在十时。门墙桃李甚盛,真草书法颇佳,人有求者,辄录唐诗与之,脱节错落,不能句读。能诗文,清新拔俗如其人,吾家亦有氏之墨宝。又曾于光复后,筑发冢于东乡，遍征名人词咏，腾载报章，颇称佳话。

今闻于丙子七月作古，其年事至少近古稀矣。哲嗣和安先生，悬壶海上，耽翰墨，嗜古玩，家学渊源，大有父风云。

梅调鼎

甬上第一流名书家梅调鼎先生，未成名时，薄游鄞东阿育王寺，即席挥"八吉祥地"擘窠大字四个，并题年月姓氏以赠，寺僧以其无藉藉名，受之而不重视，束之高阁。及梅氏大名鹊起，震惊浙东，于是寺僧忆及曩年曾有真迹，乃百计搜觅于尘封蛛网中，检得四字，幸尚完好，惟题款则付阙如矣。

余游该寺，见山门悬此额，奇伟雄浑，神来之笔也。今日志之，犹为之神往不置。

夏汝霖

甬江名画家夏汝霖先生，擅山水，笔墨清雅，作风高古,生平颇自珍秘,不轻示人,遇廉泉竭时,则袖画向知己,易资以沽酒,得者宝之,此外虽百金求之,不应也。余游七塔寺,睹氏丈二山水四幅,中有仿赵大年一帧,神韵尤佳,想得意之笔也。哲嗣献廷氏,今贵为某同业公会主席。

此老暮景舒适,生活优游,"莫谩愁沽酒,囊中自有钱",法绘更不易求矣。

吴昌硕

吴先生昌硕,安吉人,名俊卿,字仓石,别署缶庐、苦铁、大聋。尝官安东令,工书画金石,复善诗文。其篆刻本秦汉印钵,画宗青藤、白阳,参以石田、大涤、雪个,为诗出入唐宋之间。其题《戒烟图》曰:"烟禁之令堂堂宣,犯者毕命无多言。用以制药涤脏腑,意取其巧味其苦。药入喉,神靡靡。药何物,烟而已。是翁大悟亦何早,碎吾烟具存吾道,烟不延寿诗亦好。儿童拍手笑,老妻诵佛号。屠刀放下佛可成,彼岸回头我佛灵。"

民国十六年卒，年八十有四。门人私谥贞逸先生。

王征南

民国十五年，陈微明先生首创致柔拳社于宁波旅沪同乡会，太极拳之名始彰。一时硕彦，如经学大师胡朴安先生等，均往焉。

翌年，不佞亦厕身其间，时年九龄，躬逢其盛。殊不知太极拳术，虽创自宋代张三丰祖师，一脉相衍，实为我甬名武术家王征南先生独得之秘。不知何缘，转辗流传河南陈家沟子，几于妇孺皆精，而杨露禅师祖习此有悟，自成一家，得踏雪无痕之功，哲嗣亦威震华北。陈师尊再从哲孙杨澄甫太夫子肄业，来沪设社收徒，太极拳不绝如缕，化私为公，陈师之力，其功不可没也。

王征南先生，甬人也。生于清初，幼遇异人，授以拳术，遂精技击。中年挟技，薄游燕、赵、齐、鲁，所向无敌，晚岁隐居鄞东宝幢，潜修养晦。

一日,有远来僧八人,指名相访。人云彼方在茶肆楼头啜茗,僧众不知有何宿怨,登楼觌面,即有一僧猿趋直进,奋击王之要害。先生身躯微震,茶杯在手,滴水未渗,来势汹汹之僧人,已由先生头巅,如秋风扫叶,飘忽而坠路中,抚之气绝。余僧见状,知人众非敌,乃合掌诡词曰:“但活方才之僧,彼此尽释前仇。”先生曰:“可。”从容离座,偕众僧下楼,至僵僧处,以一指点其腰脊,继以足轻踢其臀部,死僧即苏,惟呆若木鸡。众僧乘先生无备,刀杖围杀,先生笑曰:“来! 来!”赤手舒掌,用太极拳法之玉女穿梭,拳劲所至,众僧刀杖坠地,不寒而栗,先生曰:“服否?”众僧叩首如捣,皆云不敢,各拾刀杖,抱头鼠窜而去。

　　牧童某见而奇之,窃效其法,以一指点其同伴,不料竟气闭而亡,跪求先生解救。先生视之,曰:“幸此为晕穴,尚可救。”乃向原穴下三指点之,即苏。

　　先生以行踪既露,此地不可久居,遂隐于玉几山中,以高寿终。

赵敌七

禹门三汲,不平则鸣。古多嵚奇任侠之士,排难解纷,文如鲁连,武若昆仑,皆能为天地持正气,为人类作保障。余手无寸铁,弱不禁风,生不愿封万户侯,愿一识豪侠士。然人海茫茫,从何觅之?顾天下之事,有不期然而遇者,所谓"踏破铁鞋无觅处,得来全不费工夫"是也。

十三载前,余行于途,经芝兰街口,一车夫因违警章,被巡捕以警棍痛挟之,车夫哀求,复以革履猛踢之,口猍猍怒詈不绝,驱车上乘客下,欲捉将捕房去。车夫跪恳泥泞中,充耳不闻,径趋车之后厢,撬照会。好事者麇集,均袖手旁观,噤不作声。忽人丛中有白袷少年,排众而前,厉声斥捕曰:"汝太无人道主义!彼违章,尽可拘入捕房,照章处罚,奈何羊蒙虎皮,凌虐同胞?速放此车夫行,否则莫怪乃公双拳,不认识巡捕大人也。"

言未讫,巡捕即汹汹然,以左手拿少年之后领曰:"若何人,胆大包天,敢溷我事?"以右手提棍欲击。少年微笑曰:"走狗!令汝吃些小苦也好。"以一指探捕之胁,捕即泥塑木雕,如剧中人物,厥状可哂。少年叱车夫速拉车去,迨既远,再飞一足,着捕后臀,扬长而去。

捕于少年行后十分钟,方恢复其自由,汗涔涔下,神沮气丧,一言不发,垂头若痴。行人早散,余回顾及之,怅白袷少年谁氏,而能擅此点穴之法也。后于致柔拳社识之,盖赵敌七先生也。

先生擅英文,温文尔雅,其推手也,为同学冠。"一·二八"沪衅初启,先生与友行经天潼路,遇日军留难盘诘,坚不放行。先生怒,举肱微挥,日军倒地,其他日军四集,先生不惧,友人胆小远望,见日军纷纷披靡。忽枪声连珠,先生遂遇害,日军恨甚,以刺刀裂其四肢。名记者顾执中先生曾从先生攻英文,为文吊之。

鲁　迅

文坛巨子鲁迅先生,浙之绍兴人,原名周树人,号豫才,笔名鲁迅。据其自传,则外家鲁,示不忘母也。弟建人,在文学界亦有相当声誉,为商务书馆编辑。

先生诞于逊清光绪七年,天资敏悟,家学渊源。光绪廿四年戊戌,年十八,负笈金陵,考入水师学堂。逾半载,改进矿路学堂,毕业后,被派往日本留学,抵东瀛,有志习医,就仙台医学专门学业,肄业二年,忽辍业而倾向于文学。

光绪廿七年辛丑返国,执教鞭为中学教员。光复后,任绍兴师范学校校长。革命政府成立,曾任教育部部员,并历任大学教席。民国七年,创写小说,最初之稿,投登《新青年》杂志。《呐喊》第一篇《狂人日记》,笔法流畅,受学界之欢迎,乃感兴趣,续作小说、杂志、新诗、翻译,著作等身,遂基础于新文学方面。

民国十五年,张作霖将入北京,目为过激派领袖,将予通缉。先生名列前茅,为环境所逼,不得已南下莅闽,任厦门大学教授。又至粤,任中山大学文学院长。

民国十六年到上海,曾主编《奔流》月刊,引起创造社革命文学论战,作种种激烈之争辩。最近国防文学论战,先生一贯初衷有极谨严主张发表。不幸于民国廿五年十月十九日,以肺疾逝世,享年五十六岁。遗体移万国殡仪馆,各界瞻仰遗容,吊者五千人,学校团体,约达八十单位。廿二日,安葬于万国公墓,执绋者六千人。一代文豪,长眠地下,各界多为文以悼之。

吴佩孚

近代儒将吴佩孚将军,字子玉,山东蓬莱人。貌清癯,长身玉立,两眼有光,炯炯逼人。逊清入黉,曾青一衿,其后屡踬场屋,愤而投笔从戎,受知于曹锟,言听计从。直奉之战,声威煊赫,晋职孚威上将军,兼直鲁豫巡阅副使,坐镇洛阳,各省疆吏,莫不唯吴大帅马首是瞻。将军虽贵,不废诗书,有暇临池作怀索草书,喜写墨竹,以草书之法出之,凌虚劲节,丰骨峻峋,题诗尤能言志。雄心磅礴,所钤之章,曰"立马昆仑第一峰",胸襟不凡,跃于纸上。将军才兼文武,平素以关、岳自许。

民国十一年,家君恫世风之不古,悲子职之无修,特捐薄产,重编《二十四孝图说》,委中华书局十三色石印,加英文说明,志在流通异域,宣传国粹。十一月出版,赠百售百,于无意中寄将军一册,旋于十二月廿五日得洛阳一等覆电,译其文曰:"上海三马路大新街迎春坊二九八号,寿世堂丁健行君鉴:《二十四孝图说》足可救世,题底脱稿,即便寄上,望将此书检一千本,从速邮下,该价若干,开单照付,勿误。吴佩孚。"有印。书寄达后,又得十二年一月廿九日来电,文曰:"中华印刷所唐驼先生鉴:顷由巡帅交下贵函,诵悉,款序已经分别汇寄矣。下余二百本,望速运洛。奉谕特达,即希查照为荷。参谋处。"将军于军午倥偬,日理万机之时,仍能独具只眼,赏识艺术,提倡古德,不惜捐廉以赠同袍,不仅增四明文献之光,且为将军艺坛之佳话也。

迨汀泗桥一役,国民革命军北伐成功,将军武力统一之梦,遂告粉碎,态度消极,无意进取,蛰居北平之十景花园，以度其闭门做大帅之生活，抱三不主义，廉洁自持。于是左右幕僚，难以寄生，不得不风流云散。为社会人士所知名者，如杨云史之鬻文，许铁丰之鬻字，其余各图门径，自谋活动者固多，至无法可投而潦倒不堪者，比比也。

将军乐天知命，晨起练拳，偶与知友下棋，消磨光阴。于无聊时，更勤翰墨，但吟稿成后即撕，不留只字，自谓危行言逊，勉为末世君子而已。

英雄迟暮，学佛忏悔，研究经典，颇臻玄境。因发愿多绘佛像，摹时且必焚香顶礼，谓必如是，则心可专，即闭目遐思，亦可造得佛像。每像类多金刚怒目，绝鲜菩萨低眉色相，辄沾沾自喜，其内心之自负，毕竟不平凡也。

将军曩昔曾绾军符，拥貔貅，除俸给外，无染指金，故至今仍两袖清风，依然寒儒本色矣。将军久有倦鸟归林，度其老圃生涯之意，只以环境未必允许，迄今尚不能摆脱耳。"七七"卢沟桥事变发生，将军处境益困，与外界隔绝往还。"八一三"上海战事踵起，兵连祸结，一载有半，日本政客土肥原一再主张，敦促将军出山，为世界第二佛朗哥，实行其以华制华政策，威迫利诱，无所不用其极。日报谓吴氏发和平通电，及外报谓吴氏避东交民巷，实际将军足未履阈，生死置之度外，始终未越雷池一步也。

汪精卫通电主和，既遭国府之痛斥、人民之反感，复不得日人之同情，于是销声匿迹，拟出国漫游，了此公案。而日本政客，又转其鹰瞵之目，鼓其如簧之舌，用高压手段，使吴就范。不知将军姜桂傲性，至老愈辣，虽在挟持之下，其所发表之谈话，仍以爱国为前提，坚拒伪职。吾愿将军克保晚节，或杀身成仁，则大名垂千古而不朽矣！

萧屋泉

萧屋泉先生，湖南衡阳人，名俊贤，别署天和逸人。少即好书，朴茂古雅，尤工画。先从南岳某名僧，继师山阴沈咏荪，历览晋、唐、宋、元名迹，遍游南北名山大川，足迹所至，衡岳、洞庭之外，匡庐、二老、

罗浮诸峰,冀、鲁、皖、浙,桂林山水,无不探胜撷奇,
罗致腕底,以大自然为粉本,先生有焉。

　　性孤高,不亲权贵,迭主南北讲座,桃李满天下。
清季李瑞清督两江师范,礼聘先生为国画教席,先生
弃官而应道人聘,其乐育人材、耿介拔俗者如此。先
生年逾古稀,以笔墨生涯,海内翕服。在沪曾假宁波
同乡会,举行画展三日,杰作二百余帧,烟云岩壑,气
象万千,名世之作也。

弘一大师

　　弘一大师,盛德之高僧也。俗姓李,名叔同,曾在武
陵执教鞭,掌文衡,为当代之大艺术家也。于十余年前,
勘破世情,出家披剃,六根清净。依我佛之如来,五蕴皆
空,皈法华之菩提,能解凤世之孽。智慧天生,言行一
致,愿修来生之果,以身作则,感人殊深。名画家丰子恺
先生,为师入室弟子,所作《护生画集》,卫法尤宏。不
佞拜观之后,曾为之茹素二年,独惜以贱恙缠绵,中西
医谓体内缺乏滋养食料,坚嘱开荤,致为道不终,良自

慨也。

大师之字，出神入化，余于童龄，久已抚之。近闻师之懿行，尤为坚苦卓绝，对于事不如心，皆以乐观视之。譬若伏热盛暑，人皆挥汗呼苦，彼微笑曰："热得到好。"冬寒裂指，呵冻咒天，彼曰："大冷也好。"有居士慕师之德，而饭以菜肴，其味甚咸，无从下箸，彼饮啖自若，据案大嚼，谢曰："咸得也有味，淡亦如之。"他如山门遇雨，衣履尽湿；居室地震，栋榱都倾；祝融之降临，一扫而光；灌夫之骂座，唾面自干。不怨天，不尤人，涵养之道，已臻功德圆满之候。我佛有灵，当亦欢喜叹曰："善哉！善哉！"

汤　鹏

铁匠汤鹏，毗陵人，居常熟，与王石谷邻，常至石谷处，观其作画。石谷厌之，谓曰："尔粗人，何眈视此？"汤曰："欲学此耳。"石谷嗤之曰："恐汝今生不能矣。速去，视尔炉，毋废却好时光也。"汤愠曰："先生无轻视人，某虽铁匠，今当以铁为画。"乃归，运以匠思,拗熟铁为花草兰竹,颇饶生意。而汤鹏之名,亦与石谷并传矣。

康有为

康有为先生,清南海人,原名祖诒,字广夏,一字更生,号长素,别署西樵山人。光绪十五年,以诸生伏阙上书,建议改革,清廷不之省。甲午中日战后,更上变法自强策,又设强学会于京师,声名藉甚。后三年,俄据旅大,德占胶州湾,瓜分之势已成。翁同龢相国赏其胆识,力荐于德宗,于是德宗召见之,倍加信任。惜戊戌政变,维新六君子谭嗣同等腰斩于市,先生与梁启超氏,知信较早,得免于难。然自此国内有志之士,皆认国事有革新之必要矣。

先生于学无所不窥,字亦清丽可喜。民国十六年卒。不佞曩游无锡梅园,有轩曰香海,康南海所题也,书法潇洒,有诗有跋。诗云:"名园不愧称香海,劣字如何冒老夫。为谢主人濡大笔,且留佳话证真吾。"跋云:"己未八月,无锡之梅园主人德生仁兄,曾以五十金倩人请吾书'香雪海'三字,吾来视,非吾书,且劣甚,为易书香海,系诗以留佳话。"

章太炎

先生名绛,字炳麟,号太炎,浙江余杭人,生于逊清同治七年。曾师事俞曲园老人,又尝问业于黄以周,笃守国学。因读《东华录》晚明野史诸书,故抱种族思想。以治《左氏春秋》见知于鄂督张之洞,戊戌春,罗致入幕。喜言革命,与梁鼎芬忤,乃返沪,主《昌言报》撰述。

戊戌变起,以曾为《时务报》撰文,避祸台湾。尝为文,忠告康梁,勿效忠异族。己亥游日,识孙中山先生,谈论相见恨晚。庚子在沪,首先割辫发,以示决绝。旋往吴门,主讲东吴大学,将一载,为苏抚恩寿所觉,复东渡扶桑,发起亡国二百四十一年纪念会于东京,手撰宣言,留学生多为所动。

癸卯复还上海,发刊《国粹学报》。爱国学社成立时,为《苏报》撰文,主张革命排满,以序邹容

《革命军》一书，清廷兴文字狱，先生与邹俱锒铛入狱。在狱三年，究心佛学，兼为香港《中国日报》撰文。

丙午出狱，留东同盟会迎赴东瀛。主《民报》笔政，公余讲授国学。辛亥武昌起义，始归国。

民国元年，南京政府成立，孙先生迎至京，握手话旧。旋赴北京，袁项城当国，聘为总统府高等顾问，兼东三省筹边专使，未赴任，外敬内忌，先生知其隐。一日，一足着靴，一足穿鞋，并将所颁勋章，挂于扇上作扇坠，大踏步至国务院，雄辩傲岸，旁若无人，于是"章疯子"之名，遂播人口。

十三年，与汤国梨女士结婚于沪。二次革命后，重莅北京。时袁窃国，称号洪宪，以先生忤其意，幽禁之。五年袁死，黎黄陂释归沪上，并手书"东南朴学"四字赠之。

先生南归后，隐居于法租界，创办《华国》杂志。复游鄂湘讲学，旋返沪，寓南阳桥之某里。室内满置邺架，琅环富藏，间亦陈列各省当道所赠小影，倘此中有人不惬舆论，则将照相撤去，以示绝交。每日除中午昼寝二小时外,余时皆在书室中。

曹锟贿选后,派某议员携巨款来沪,拟为先生寿,愿得椽笔以扬之。语未毕,先生即持手杖击桌,面斥其非。某议员复厚颜陈说,先生提杖欲叩,客骇然避逸,皇遽间,竟失足坠楼。

先生精小学,擅书法。与人书,上款不称先生,仅写书赠某某。能以大楷笔作蝇头细字,有时小楷笔横涂擘窠大字。为文好引用怪僻隐险之典。作书多古文,人皆不识。著作付手民,非其高足诠释不可。性懒不洁,居恒埋首书堆,积垢盈项,不遑揽镜自照也。

十七年,曾重订《三字经》,其附序谓今之教科书,固勿如《三字经》远甚也云云。二十一年,应门弟子邀,游北平。秋返,移居苏州。同人爰集国学会,请先生讲学。

二十四年,以讲学旨趣不同,特立"章氏国学讲习会",开立讲堂,常年主讲,并创刊《制言》半月刊,中央致送万金,助成其事。

先生博极群书,文宗魏晋,诗独屏宋,原著有《章氏丛书》行世。二十二年，门弟子复为刊行《续编》于北平。生平讲学几四十年，桃李遍全国，最著者黄侃、吴承仕、汪东、朱希祖、钱夏。

先生于民国念五年，以鼻菌症殁于苏寓，享年六十九岁。不佞曩于周师处临摹先生水彩像一帧，风流倜傥，想为少年时所造像也。

任堇叔

任先生堇叔，字堇，晚称能婴翁，浙之山阴人，名画家伯年前辈长子。家学继统，卓尔不凡。治汉学有根底，工诗词，长操觚。书法隽妙，初法李北海，中年后，上窥钟繇三表。画不多作，意境在北宋之间。养晦沪垒，以艺自给。民国念五年卒，春秋五十有六。

林　森

福建闽侯林氏，世有积德，在逊清时，科第连绵，有"无林不开榜"之谚。林森，初服务于海关，勤敏奉公，守序有恒，不因循，不苟且，于平淡中，显其难能可贵之精神，而镇静功夫，又加人一等。当在粤时，任非常国会议长，陈炯明恫吓曰：如果非常议会，选举总统，我将派兵围议会，捕议员，其毋悔。林森不置可否，翌晨议会，不动声色，开选举大会，选出孙大总统，及陈炯明得讯，欲围捕已无及矣。

一九一五年，美国举行巴拿马万国博览会，林森为我国代表之一，自原籍福建，陈选精美绝伦漆器多种，陈列会场，得优等奖，复运用其灵敏之思想，自南京雨花台，采办五彩花石等，叠砌成一雨花台之模型，并将方孝孺墓点缀其间，情景宛然，大受彼邦人士之赞誉，故林森是政治家，同时亦为富有天才之艺术家也。

彼未学工程，而能匠心独运，监造雨花台雏型，为人景佩，谁知彼于建筑，更有心得，广州黄花冈七十二烈士公墓，其设计及监工，均出林森之手，而建筑经费，亦由彼募集而来，全始全终，尽善尽美。其后南京总理陵之创造，彼主持一切，对于材料之配合，价格之估计，头头是道，丝丝入扣，工程师叹为天才，以为精密处，非庸碌工程师所得及也。

林森联任国府主席,从未向各部院推荐一人,生平无疾言厉色,除外交酬酢外,绝鲜宴会,性好独游,轻车简从,于小食肆、旧书摊、古董铺,常有其踪,粗心者当面错过,不知其贵为主席也。

善书法,年事已高,白须飘拂,态度和蔼安详,服装纯洁庄严,数十年如一日。于人无忤,不畏暗算,心地光明,道德高尚,整躬示范,不愧民主化之元首也。

童爱楼

四明童爱楼先生,门第清华,天秉奇慧,美丰姿,长国学,多才多艺,风流才人也。诗书画三绝之外,复有周郎之癖。童岁即能粉墨登场,引吭高歌。

相传有一笑谈,某年,戚串家有喜庆事,例有堂会演剧,以助雅兴,先生忽觉技痒,趋后台,商班主,唻以重金,客串《虹霓关》中之东方氏,演来丝丝入扣,扮相艳绝人寰。其老父贺喜,坐席观剧,不知其子之改装也,乃拍掌称妙,并赞若个儿郎,任其埋没江湖末技,未免大才小用。客有好事者,径告此为令郎所化装,尊驾如不以为忤,可令哲嗣戏采娱观也。老父闻言大怒,拂袖而起,厉声唤先生出,严容如霜雪,不终席,掣先生归,大施鞭挞。因吾甬积习,缙绅世第,大都鄙视戏子为蛋民,列为下流,最不足道者,不似近年乌衣公子,学戏玩票,以为高尚娱乐耳。先生为旧礼教所束缚,遂扃闭书室,不令出外,若在今日,不禁为先生呼冤也。

先生中岁游沪,以游戏文章著,骈四骊六,可歌可诵,尝襄《新闻报》笔政,主编《庄谐丛录》,后改名《快活林》,四方知名之士多归之。首创中法水彩画,专写吾甬风景,如灯取影,维妙维肖,惜有笔无墨,望而知其无师承之天才作品,然亦难能可贵矣。又富于科学思想,尝运匠心,创制辘轳小艇,以手推之,进退自如,仿佛汽车,先生与知友二三,啸歌自得,游行于故乡之月湖,余曾睹之。今则人舟俱寂寂无闻矣。

严一夔

甬东外科前辈严一夔先生,善丝竹,多才艺,威

25

而不猛，心地和平，处境艰辛，坚苦卓绝，实一代之英雄，亦一乡之善人也。

初习杂货业，旋肆闭失业，赋闲在家，转辗托友介绍，友曰："谋武易，谋文难。武若饭司务，汝能之乎？"先生曰"能。"遂入宁波江东百丈街衡全油行（今改衡丰）为火头军。一日，司帐有疾，簿记银洋无能识者，方纷扰间，公循声操厨刀而出曰："银钱我固识之，书记我优为之，如伪洋讹帐，我负其责可也。饕飧稍迟，诸君但少枵腹耳。"众皆哈哟，姑试之，细腻练达，胜昔十倍。经理奇其才而擢之，即以为账职，别请厨师。经理弥留，知公之贤，举以自代，公遂一跃而为经理。

复好学，惜寸阴，遇异人授以青囊秘旨，遂生神悟，于是发菩提心，救诸苦难，治刀圭，合灵药，顾客有患疮疡者，裹药敷之，莫不应手而愈。乡人歌功颂德，不之他而之公。公不受值，以故岁时馈土物，以为谢酬，公则廉取之。其术愈神，其名愈著。至今哲嗣海葆先生，藉其家传，而名震遐迩独步甬江者，实受公之隐德也。

海葆先生，生而颖悟，善读父书，性好动，不喜静，驰马蓄鸟，为其第二生命。入其室，唧啾和鸣，识其归，鸾铃铿锵。中岁信道，得驻颜术，年逾花甲，望之如四十许人，嗜饮健谈，三日不寝，精神愈充，其得天厚也。门诊特廉，贫病施医，兼给药，道路远者，并赠川资，职是义声远播，妇孺皆知，门前车满，室内人挤，虽危症沉疴，无不着手成春。不佞曾目击一事，尤为神奇：有一窭人子，患重舌，腹雷鸣而不能食，如是七日，奄奄待毙，遍造名医及医院之门，均谢不敏，最后由某君之介，就先生诊治，先生一见曰："易耳。"令其张口，剪除重舌，略吹灵药。嘱曰："愈矣！此子饿已多日，食毋过饱。"命人购油条一枚，果大嚼无恙。

哲孙瑞钦女士，秉承家学，深得其传。去岁避难申江，悬壶应诊，杏林春满，奏刀如神。

陈老莲

陈洪绶先生字章侯，老莲其号也，浙之诸暨人。年四岁，就塾妇翁家，翁方治室，以粉垩壁，先生乘无人时，乃累案登其上，画汉前将军关侯像，长丈余，拱而立，翁见之，大惊下拜。既长，师事刘念台，讲性命之学。崇祯壬午，以诸生充明经，复召入为供奉，不拜，寻以兵罢。

先生画初法傅染，从钱塘蓝瑛游，已而轻瑛，瑛亦自以为不逮，曰："此天授也。"性嗜酒，喜近妇人，客或求画，每就妓索。监国中待诏，清师下浙东，大将军抚军固山从围城中搜得先生，大喜，急令画，不画；刃之，不画；以酒与妇人诱之，画。久之，请汇所为画署名，乃抱之寝，及伺之，遁矣。

朝鲜兀良哈、日本撒马儿罕乌，思藏购先生画，重其值，海内传模为生者数千家。甬东袁鹍，家贫，为洋船簿记，藏莲画二帧，截竹固封，贻日本主。主大喜，酬以囊珠，亦传模笔也。

先生晚年混迹浮屠，自称老迟，又称悔迟，与人言及身世乱离，辄痛哭不已。卒于家，年五十有四。所居为徐渭遗宅，所谓青藤书屋者也。

丁敬身

浙派金石家之祖丁敬身先生，名敬，号钝丁，自称龙泓山人,家在杭州候潮门外,邻保皆野人也。酿曲蘖自给,身厕佣保,未尝自异。顾好金石之文,穷岩绝壁,披荆榛,剥苔藓,手自摹拓,证以志传。著《两浙金石录》,搜辑丛残,凡一切碑版志铭,古器古物,经于眼者,莫不讨论原本,究其出处,然后著于篇而笔于书,笔于书而记于心,故其结字,直驾于崔子玉。一点一画,皆会于古,非性命之契,不能得其字一即也。

家贫不能出重资购买,门摊市集,眼光所注,无留良焉。小楼三楹,届戾满室,皆异册也。上以栖诸子,资其弦诵,下以酬接宾客。老母贤,恒质贷以佐之。孺子寒馁,不遑计也。诗学其所专长,布衣冬心金农,相距一鸡飞之舍,与之齐名。美辞秀异,丁不及金;铺陈终始,豪放跌宕,金不逮丁也。邻人不戒,灾及其庐,所蓄群籍,顷刻皆烬,而小楼亦焚焉。

晚买宅于张纱弄,将迁,而先以母枢往,亲友告以不吉,先生曰:"吾母不及见也。"其孝行有如此者。未几竟卒,年六十五。

高其佩

高其佩先生，居铁岭，字韦之，号且园，又号南村，以荫得官，由宿州知州累官至都统。工诗文，尤以指画擅名，山水人物，雨中烟树，无不墨沈淋漓，超于六法之外。或题数字，每多奇警。友人示予一帧，画犬也，题曰"贫富不遗，勇而有义，世焉得贱之哉！愈于寡忠之臣，与鲜仁之兄弟"。读之，令人贵畜而贱人。珍品不常见，自幸眼福不浅也。

周　湘

先师周湘先生，字印侯，号隐庵，别署灌园老叟，上海人也。先生生而岐嶷，读书十行俱下。幼从杨伯润学山水，钱吉生学人物，复师事胡鼻山、吴大澂、王秋言、金保三、姚梅伯、胡公寿、周存伯、朱梦庐、汤勋伯、张歙山，名流数十辈咸主其家，借书画助觞咏焉。更与同门曹蟠根、沈心海、陆子万交相切磋，蜚声艺苑，称一时之秀。

先生性好游，长即囊笔走四方。尝渡扬子，登太行，揽苍梧，泛衡湘，击楫洞庭，长驱闽粤，揖匡庐，探禹穴，复涉仙霞，登泰岱，历齐、鲁、燕、赵，所至揽其山水，识其风土，盖将大有为也。旋应京兆试，受知于嘉兴许侍郎，携之见常熟翁师傅。常熟闻其善画，索观之，曰："今之石谷也。"尽出所藏宋元名迹，俾恣纵览，由是艺益上，名益重。

戊戌政变，辇毂纷纭，南人之稍负时誉者，群目之为康党，往往不保其首领。先生遂踉跄出都，乘桴游海。初至长崎，依其戚，转徙东京，鬻其艺于市。盖先生素工治印，凌秦砾汉，出入吾赵，以此颇投彼都人士之所好，足资自给。会有同学某公子者侍其父出使英德诸国，道出东都，与先生邂逅于途，遂归语而翁，延司笔札。于是先生乃随星轺赴欧，足迹遍天下，欧西画法，不学而能。居二岁，殊感寂寞，即请告驰归，侍父承欢。首创中西图画学堂于褚家桥，并设函授部。主画政于各报馆，《点石斋画稿》《启民爱国画报》，间以讽刺画，发聩振聋。西洋画流传中国，先生实开其先河。门墙桃李，近五千人。先生中岁后,性近孤高,郁郁不自得,往往聚平生杰作而焚之,以故外间流传者少。晚隐黄渡。民国廿二年卒,享年六十有三。

李景林

民国十八年,予年十一,震于孙禄堂先生之八卦拳,及王积义先生武当剑之名,乃与挚友吕廷华兄,同至东新桥中华体育会入学。由章启东先生之介绍,获见李景林将军,玄褂蓝袍,华贵雍容,谈吐隽雅,饶有书卷气息,惟眉目间英英露杀气耳。指桌上龙泉谓予曰:"若亦喜此耶?试举之。"予力弱不胜,将军抽剑出匣,则霜锷森森,雪锋凛凛,诚巨阙太阿之伦也。虎步至广场,折抱角,左抱剑,右捏诀,分五路,初徐后捷,一片寒光笼罩全躯,观者莫不心旌摇摇而眼生缬。将军舞毕归座,面不改色,盖数十年勤练,非一朝一夕之功也。将军命予打太极拳以殿,颇蒙谬赞,有"十年必成"之语。今者病魔缠身,久废拳剑,辜负将军美意矣。

王师曰：将军幼时，就私塾读，日经万寿寺前，主持老僧夕必倚间而望，见将军过，恒注目之。一日，招将军至云房而告之曰："老衲桑榆已暮，身怀绝技，而乏传人。今相公子，大贵人也。贫僧夜观天象，再二十年，天下大乱，公子可仕至封疆大吏，能从衲学剑乎？"将军叩师愿受教。僧曰："剑术分三才，天剑长一丈二尺，使动如牛轮，能凭虚御风而行；地剑长八尺，运用神妙，能渡江流而不溺；人剑长三尺，诛奸防身，能避枪弹刀箭之袭击。"将军曰："剑一人敌，吾愿学万人敌。"僧喟然叹曰："有志哉女也！然剑趣不高，人盘足矣。"因每夕教以武当剑法三路。不久老僧坐化，将军参以心得，变三才为五行，神化腾骧，益不可方物矣。后以功授直隶督军，晋职景威上将军，果如老僧所言。在署有峨嵋剑客求见，声言比剑，将军不许。请之坚，乃交手焉。甫三合，剑客虎口裂，血涔涔流，剑飞丈外而坠，伏地谢将军，神人也。据客语人曰：将军之剑如泰山压卵，其劲千斤云。今将军已归道山，而武当剑亦有传人矣。

钱 铁

古鄞东钱湖,山水秀丽,人杰地灵,逊清道、咸时,有钱铁先生者,性机警,长口才,幼遇奇人授以相术,谈言微中,因号铁口。师约日取三百文,供饘粥,违则召祸。钱唯唯,漫游至宁,设相肆于夫子庙,三百青蚨,唾手可得,奇在既得之后,无问津者。

一日,客来,忽遽多给,收市贯索,意外溢百,笑曰:"吾师之言不验矣。"梭巡忽有身矮鸠鹄之客一人来,坚欲相。先生婉却之曰:"今日已逾额,额外不相。"客呶呶曰:"道遥专访,送相亦可,何拒人于千里之外也。"钱思此人无赖,微睨之皮相,曰:"子贫寒彻骨,无善足述。速去,毋溷乃公事。"客悻悻去。

不旋踵,虎役五六辈,来势汹汹,出巨索缚先生,如捕大盗,蜂拥银铛。踉跄抵皋衙前,闻传呼钱犯甚亟,钱如入五里雾中,自维守分不犯法,或误拿耳。堂上官惊木频频,厉声曰:"钱某妖言惑众,先刑后斩。"先生闻言,如被霜雪,急辩曰:"小人何罪,而大人处之极刑?"官曰:"妖人利口,抬头观来。"钱初伏地，不敢当面，聆言相之，则即顷无赖子也，魂不附体，大惊失色，默思性命休矣。官大怒曰："汝尚何言？"呼役鞭背三百。钱顿悟曰："大人且慢，容小人禀，如不符，或杀或剐，情至甘。"官急躁曰："妖人速言，无多辩，我为地方除害也。"先生曰："大人非为相乎？实则所言不妄。风鉴有云：虽有寒乞之相，独肾方肛，乃大贵人也。此暗相人皆忽之，大人未知是否。倘无此点，则小人今日之死，死于师，非死于大人，死不冤。"

官闻言色顿霁，微点其首，传令松刑具，下座退堂，延钱入内书房，置酒压惊，顷作阶下囚，兹为座上客，心知师言验矣。官复召内眷及僚属，使遍相之，钱惊魂甫定，莫不恭维之。官大悦，赠以千金，鼓乐舆马送归。先生大彻大悟，以所赠金，一夕散给贫民，束装入山，不知所终。

邓石如

邓石如先生，清淮宁人，初名琰，以避仁宗讳，更字顽伯。居皖公山下，又号完白山人。工四体书，篆书尤称神品。欲学刻印，先学籀篆，闭户五年，始从事刀笔，遂为皖派金石家之祖，与董浦丁敬分庭抗礼。包世臣著《艺舟双楫》，推为清代第一。

周梦坡

周梦坡先生，名庆云，字湘舲，吴兴南浔人。学通典籍。早岁萤声，设工厂，办学校，儒不乱，侠不犯，殚精地方事业，数十年如一日，两浙人民，咸被其泽。桓宽盐铁，贾勰农桑，丘樊小隐，畏垒大穰，先生方之，应无多让。

暇则恒赋诗作字为遣。年五十，始学琴。六十以后，随意为山水竹石，无不精妙。所致金石、法书、名画，皆庋诸一室，躬自考订。与海宁张宗祥先生补钞浙江文澜阁《四库全书》四千余卷。辛亥以还，沪上啸歌觞咏之所，如淞社、希社、春音社、沤社，先生皆参预其间，翛然自得，四方胜流，游海上者，必归先生所筑之晨风庐。春秋佳日，好为名山之游，所至相其风物土宜，增缮屋宇、花木园亭，刊石纪碑，若西溪两浙词人祠堂、超山宋梅亭、临安济川桥、天童玲珑岩甲寿径，皆先生创也。补梅于灵峰，建经塔于理安寺。

晚岁置别业莫干山，曰蓬庐，旁辟六月息园，过者比诸马秋玉小玲珑山馆焉。民国二十二年卒，享寿七十。殁后，其哲嗣刊行《梦坡画史》一卷，传神宝绘，洵艺苑之珍品也。

蓝　瑛

蓝先生瑛，字田叔，号蝶叟，钱塘人。山水法宋元诸家，晚乃自成一格，雄奇苍古，气象崚嶒。大幅尤长，兼工人物、花鸟、梅竹，俱得古人精蕴，名盛于时。陈老莲曾师事之，人物固青出于蓝而胜于蓝，而山水则非老莲所能望其项背也。浙派山水，始于戴进，而成于蓝。其子涛，亦以画名。

朱彊村

朱先生彊村，名祖谋，字古微，光复后，改字孝臧,号沤尹,归安上彊村人。逊清时,官至礼部侍读,以直谏闻于世。擅书法,作字向右微欹,瘦劲有力,求之者户限为穿。以词鸣,著《彊村词》四卷,及《前集》《别集》各一卷。南社名流庞蘗子及汪精卫均师事之。晚年目力不济,颇喜竹林之游。出语多风趣。有误书彊村之"彊"为"疆",乃作答以调侃之曰:"有土斯有财,有财斯有用,彊而为疆,固我所愿也。"民国二十一年卒。

吴渔山

吴渔山先生,名启历,江苏常熟人。居城北,相传为孔子弟子子游故里,有言公井,水色如墨,号为墨井,又号圣井,先生生其地,故别署墨井道人。

满清入关,先生年十三,学文学于陈确庵。不慕荣利,潜心艺术,学诗于钱牧斋,学画于王时敏、王鉴,学琴于陈岷阮。诗、画、琴都能独到,尤以绘画名驰远近。以艺自给,与王石谷同学同庚。

年五十,受水礼入天主教,在澳门祝圣为华籍司铎,教中之破天荒也。从澳中归,历尽奇绝之观,笔底愈见苍古,间亦参以西法,盖取教堂之西洋画,神而明之。康熙五十七年卒,寿八十有七。

先生诗分三期,早期为遗民诗,中年为艺人诗,晚年为宗教家诗。诗集有《墨井诗钞》《三巴集》《三余集》《桃溪集》《写忧集》《暂永集》,均珍藏上海徐家汇天主堂图书馆。

刘山农

刘文玠先生,字介玉,别署天台山农,浙江黄岩人。魁梧面麻,孔武有力,曾任苏抚程德全处军法官。光复来沪,鬻字海上,适商界闻人黄磋玖先生初创大世界游艺场,广罗人才,耳先生贤,乃敦聘为秘书。共和厅题额,集《张猛龙碑》,杰作也。

先生幼时寓杭,每晨必携小册,挟管城子,恒徘徊于装池室之扉,遥摹陶濬宣八分书,无间寒暑。归则伏案冥思,濡墨狂挥,累数十纸,不得其神不止,其专学有如此者。诗文茂美，报界争刊之。

晚岁喜绘花果，桃大如斗，叶粗若扇。久之掷笔叹曰："休矣！"运匠心于大世界东隅，筑寿石山房，方广一池，中蓄朱鳞，石笋参差，白鸟濯濯，先生顾而乐之，以助其文思焉。又征海上名流，作集锦书画屏，实开展览会之先河。嗣与林屋山人同庑，获交寒云公子，登龙增价，天台山农之法书，颇盛极一时，而真姓名湮没无闻。今先生久作古人，遗笔弥足珍也。

郑正秋

郑正秋先生，近代之艺人也，凡观电影者，无不知。潮州人，别名药风。先世以土栈起家，先生不善之。长国学，嗜皮黄。民元前为《民立报》撰剧评，月旦春秋，褒贬允中。嗣报馆被封，与同志汪优游、徐半梅（卓呆）、欧阳予倩等，创春柳剧场于南京路，专演话剧，废金鼓之喧阗，效生公之说法，一时社会耳目为之一新。继设药风新剧社于汕头路，以《聊斋志异》为本事,如《大男》《胭脂》《马介甫》《田七郎》等剧,志在讽世。先生登台,饰剧中人,每能借题发挥,箴世砭俗。旧剧大受影响,爰利用布景跳舞为号召,于是新剧日趋没落。先生改弦易辙,与张石川先生等,创设明星影片公司,先生编剧兼导演,如《孤儿救祖记》《空谷兰》《姊妹花》等,为国产片中之上乘。今先生往矣,哲嗣小秋,克绍箕裘。先生有知,当亦含笑于泉壤。

钱化佛

画佛专家钱化佛先生,字玉斋,绍兴人。生有夙慧,优孟衣冠,粉墨登场,饰文丑,突梯滑稽,令人绝倒。

每于公余坐万佛楼中,凝神挥毫,从事绘佛,庄严妙相,纸贵洛阳。晚近脱离剧界,专攻绘画生涯,孜孜终日埋坐案头,几与外界不相往还。屡开佛画展览会于青年会、功德林、慕尔堂、静安寺、南园,及东京,皆载盛誉,得各国博览会之奖章,并得关炯之、施肇曾、王一亭、黄涵之诸先生之赞助,足为艺术界辟光明,为尘俗上挽颓风。江亢虎博士撰《万佛楼记》,文采斐然,惜未能举其辞矣。

民国廿二年,余造其庐,睹法绘乌巢禅师造像,爱不忍释,久伫不去。先生曰:"君爱此乎?润格减半,装裱奉赠。"态度勤恳,风度洒然。余感其情,探囊购妙画而归。

黄 易

黄先生易,字小松,仁和人。能诗文。写山水善用干笔,得萧澹之致,与奚铁生齐名。间绘花卉,以南田为宗。性嗜古,残碑断碣,所至辄搜索无遗。祠堂画像,尤多所见。《汉石经》及范式《三公碑》,皆双钩行世。钱竹汀詹事赠诗云:"平生未有和峤癖,作吏偏于孟母邻。一辆芒鞋一双眼,天将金石富诗人。"盖实录也。尤精铁笔,与丁敬身、奚铁生、蒋山堂,俱为名流所重,时号丁蒋奚黄。官山东谷城主簿,卒于官。享年五十有八。

倪云林

元人入主华夏,贱视儒生,别江南人为十等,如一官,二吏,三役,四农,五商,六优,七匠,八娼,九儒,十丐。是以亡国大夫之雅人学士,受此鄙辱,遂形成偏激幽僻之情性。处于积威之下,慨喟莫宣,故或寄丁诗义,或孕于艺事,或佯狂玩世,或折志沉沦。其间瘗没者固多,而发为玄音逸响,琼姿奇葩者,亦不乏人,云林先生,即其佼佼者。

先生姓倪,名瓒,字元镇,号云林生,江苏无锡人。擅写墨笔山水,清逸淡远,秀劲苍古,不落古人畦町。图中不绘人物,所以寄孤愤也。性怪,有洁癖。欲画则落笔籁籁,如春蚕食叶,顷刻数纸;不画,人不能强,鼎镬在前,不顾也。

一日为流寇所执,慕其大名,命之画,不应;鞭笞之,亦不作声。事后,人问当时何以不语,先生笑曰:"开口便俗。"

所居为清闷阁,清净无尘。园林树石,日加洗濯,洞天一品,莹若白玉,阁前梧桐,恍如翡翠。

晚年耽禅悦,喜与方外人游,每与寺僧畅谈,煨芋做饭,焚香鼓琴。画兴勃发,辄席方丈地,篝灯作画,午夜不休。朱明复国,闻先生贤,征辟从政。先生知之,散财夕遁,匿迹五湖三泖中,扁舟一叶,啸傲以终。

郑　燮

郑板桥先生,名燮,兴化人。乾隆丙辰进士,官山东潍县知县。善写兰竹,笔力劲拔,一扫千丈。书法别致,自号六分半书。后引疾归,著有《板桥杂著》。

四　王

近世艺术家,莫不祖述四王。四王者,奉常王时敏、廉州王鉴、司农王原祁,与布衣王翚也。后先辉映,不容分志,因草合传以致敬。

王时敏先生,字逊之,号烟客,太仓人。相国文肃公锡爵孙,翰林衡子。资性颖异,淹雅博物,工诗文、善书画,为陈征君眉公、董宗伯元宰所契。时宗伯主持风雅,倡画禅之说,往来九峰三泖间,先生得亲聆焉。家富收藏唐宋名迹,咸得摩挲而寝馈之。其画初法元人,晚年专学董源、巨然,益臻神化。以荫至奉常,然淡于仕进,筑别业于城西,曰西田,因自号西庐老人。与词人吴梅村善,梅村尝题其画曰:"吾吴文、沈俱以八旬老人,画入三昧。追元轶宋,神明迥出,直以龙马精神,淬力震采。奉常公今亦近八,笔墨益遒,姿致益逸,烟云供养,探抦不穷。四家三赵,兼有其长。"其倾倒如此。卒年八十有九。子撰亦工画。

王原祁先生,字茂京,号麓台,奉常公之孙也。康熙庚戌进士,官少司农,供奉内廷,鉴定古今名画,充书画谱总裁。先生自幼得奉常讲授,于六法之要,尤有深得。及捷南宫,奉常曰:"汝幸成进士,宜专心画理,以继我学。"中年后专工元人,得大痴神髓。元照尝谓奉常曰:"吾两人当让一头地。"奉常曰:"元季四家,首推子久。得其神者,惟董宗伯;得其形者,予不敢让。若形神俱得，吾孙其庶几乎？"元照然之。

王鉴先生，字元照，太仓人，弇州先生世贞孙也。视烟客为子侄行，精通画理，尤长于摹古。由进士起家，为廉州太守，吴梅村祭酒《送元照还山》诗云："始兴公子旧诸侯，丹荔红蕉岭外游。席帽京尘浑忘却，被人强唤作廉州。"则廉州之名，当时已噪于海内。晚年筑室三楹于弇山之北，遍栽花木，烟客过之，为题其额曰"染香"，盖取《楞严经》中语也，遂自号染香庵主。康熙丁巳卒，年八十。廉州性爱才，见人一技，奖不绝口。尝过虞山，于壁间见小幅，惊问姓名，归语烟客，具舟迎之，盖即王石谷也。

王石谷先生，名翚，常熟人。幼嗜画，运笔构思，天机迅露，及见廉州，师事之。廉州遂亲授以书法，数月后，乃尽出所藏名画，俾寝处之，学遂大进。而廉州将远宦，念非奉常勿能托，即引谒奉常，叩其学，叹曰："此烟客师，乃师烟客耶？"翚之游江南北，尽得规抚收藏家秘本。后廉州见其画，亦叹曰："石谷乃能至此，师不必贤于弟子，信然。"康熙中，诏绘《南巡图》，天下能者毕集，咸逡巡莫敢下笔。及石谷至，口授指划，咫尺千里，令众分绘，而已总其成。图竣，御览称善，欲授之官，先生以不能称职辞归。生平敦尚风义，奉常、廉州既殁，岁必往省其墓。卒于康熙丁酉，年八十有六。

奚　冈

奚先生冈，字铁生，号蒙泉外史，新安藉，久寓武陵，遂为杭人。其学无所不工，擅诗、书、画三绝。少即见赏于杭堇浦、吴西林诸先生。四十后，名益噪，四方求画者，不绝于户。阮芸台阁学、秦小岘学士，皆折节与交。汪稼轩制军任浙藩时，以孝廉方正征召，辞不就。晚岁穷困，借画自给，而耿介如旧。画山水，力追宋元，以潇洒自得为宗。花卉法恽南田，尤饶逸韵。精于篆刻，与丁钝丁、黄小松、蒋山堂齐名，为杭州四名家。

吴毅人祭酒云："铁生为人嵚奇磊落，不可一世，特无所发，往往于画泄其奇，而于诗穷其趣。当其酒酣泼墨，簸弄烟云，岩壑峻深，大含细入。及其位置，吟毫题成，斯属神妙之处，能令有声之诗与无声之画并传。故先生之诗无不工，而于题画之诗则尤工。"著有《冬花庵烬余稿》。卒年五十有八。

罗　聘

　　罗先生聘，字两峰，歙人，侨寓扬州。少学画于钱塘金冬心，工人物花卉，又善墨梅。冬心卒于汉上，旅殡萧然，著述散佚，先生为归其丧，搜辑残稿，梓行于世。世以此高之。卒于嘉庆己未，年六十七。著有《两峰集》。

　　先生两目青瞳，自言能见鬼魅，所写《鬼趣图》，诡形异状，千奇百怪。题者如林，皆一时名作。

金冬心

　　金冬心先生，名农，字寿门，仁和人。侨寓扬州。多见古画，精于鉴别，年五十余，始从事于画。初写竹，师石室老人，自号稽留山民。画梅师白玉蟾，又号昔邪居士。画马则自谓得曹斡法。写佛像,又号心出家庵粥饭僧。其画皆以意为之,奇柯异叶,非尘世间所睹,问之,则曰贝多龙窠也。好古力学,工诗古文辞,尝举博学鸿词。

乾隆中,客死于汉皋,年七十余。无子,画弟罗聘归其丧。著有《冬心诗钞》《画梅题记》《画竹题记》及《自度曲》。

华 嵒

华先生嵒,字秋岳,号新罗山人,闽人,侨居杭州。善人物山水,花鸟草虫,皆能脱去时习,力追古法。书法钟王。又善吟咏,客维扬最久。归浙后,卒于家,年八十矣。著有《离垢集》。

其诗清峭绝俗,题竹溪书屋云:"红板桥头烟雨收,小窗深闭竹西楼。蓣塘水绕鸳鸯梦,落尽闲花过一秋。"其集中五绝云:"既喜明月来,复惜明月去。吾独避烦嚣,坐尔竹深处。""独坐春山空,山香吟思发。试将太古琴,静夜弹松月。"绝似王维。

孙玉声

孙玉声先生，号漱石，笔名海上漱石生。文才冠群，诗词歌赋，骈散古文，无不擅长，为我国小说作者，及从事报业之老前辈。著作等身，尤以《海上繁华梦》说部，享名最早。

五十年前，即任《申报》编辑。《新闻报》初创，先生即参与发起，而为第一任总主笔。十六七年前，担任《时事新报》"上海"附张主编，开海上报纸发行本埠增刊之先河。先生兼任捷音公所董事，擘划周详，推销有方；业派报者，奉若神明。梨园掌故，亦所熟悉，以一非票友非角儿之资格，被伶界联合会公推会长，并主持榛苓学校教务，功效卓著。

历年主办《大世界》小报，前主人黄楚九先生依界甚深。与刘山农善，往往先生撰文，而刘书之，珠联璧合，相得益彰。今主黄金荣先生亦景仰之。

文艺界出其门下者甚众，如汪仲贤、施济群、朱瘦菊、倪古莲辈，均为其高足。精神矍铄，矫健胜壮汉。春秋佳日，参加诗社旅行，遍游南北名胜，登山涉水,不用鸠扶也。自"八一三"后,感喟交集,始现老态。今年春,卒于同德医院,享年七十七。

二十年前,先生曾为先祖妣严太夫人撰五十寿序,刘山农书。今三人俱谢世,春秋以先生为最高。

丁 易

先祖丁公,讳配冈,字中兴,世居镇海丁家山。自幼颖异歧嶷,有超特之志。工诗文,善墨兰。尤耽禅悦,为南海文学禅师入室弟子。中年后研深易理,故自号丁易,遂精卜筮之术。有知友病危,遣人问卜,公卜之曰:"否之泰,先穷后通,惜屯蛇缠家人,主本人无恙,疾不久自瘳。有至亲二人当替而亡。"后果如其言。

中岁贸迁沪滨,以诚信为同业推服。尝创九业公所于泗泾路,手订章程,众皆翕服,举为议董。凡有建置,惟公折衷焉。美国人泰德尔者,西商之翘楚也,颇服公之干练,曾手缮银行经理介绍书相赠。其见重于外商如是。俄撄微疾,卒于沪。

秦　老

　　秦老,上海人,不详其身世。隐于弈。蚕眉凤目,侏儒无须。春秋佳日,携棋枰一,小儿一,竹凳二,位于邑庙豫园桂花厅之侧壁。有善弈者可以对局,例须先给银辅币二枚,以博胜负。负则没收,胜则倍其值。数十年如一日,自诩未遇敌手,盖专心于此道,三折肱焉。以所入自给,其生活固至高无上也。

　　一日,有少年来,眉目英俊,衣履整洁。甫对局,下一子,秦老即曰:"止! 古语云:'棋差一着,缚手缚脚。'又云:'一着错,满盘都输。'今客布子,迥出常人,若再放对,老汉必无幸。胜败兵家之常,钱亦小事,独惜一世英名毁于一旦。君子知几,不如其止。"少年微笑曰:"翁胆怯哉!"遂取原注而行。有识者曰:"此青年国手吴清源也。"未知是否。秦老自此有戒心,隐居不出。

凤　山

　　凤山将军,雍正时人,爱新觉罗之旁衍也。骁勇善射,有百步穿杨之能。曾随年大将军羹尧征青海有功,出镇杭州。

一日,令侍诏剃发。侍诏,汉人,佚名,其先为明代巨宦,鼎革后,隐于屠沽者也。彼不喜剃汉人头,而乐剃满人发,精刀法,所过无留髭。既奉召为将军整容,则故抛刀于空中,边剃边掷,上下如梭,刀光霍霍,间不容发。将军大惧,责之。曰:"无伤也。小人老幼俱在,岂有害将军而自戕乎?"将军不甘示弱,任之,然汗沾重衣矣。默思此人强项,当有以儆之。

剃毕,侍诏受酬欲行,将军留之曰:"汝艺大佳,余不敏,亦有薄技,未识可与君媲美否。"挽侍诏臂,入演武场,命人缚侍诏白杨树下,侍诏失色曰:"将军恕我,我知罪矣。"将军笑曰:"无伤也。王子犯法,庶民同罪。予岂好杀无辜以取戾,聊献末技,以博一笑。"言毕,趋百步外,张弓搭矢,箭如流星,插树如蝟,而侍诏本身,未损毫发,诚绝技也。解侍诏缚,令观之,宛然人形,侍诏面无人色,口荷荷而已。

场外短垣,有卖油翁扬声曰:"将军神技,令人钦;至不伤人,赖手熟耳。"将军愕然,延翁入,询曰:"若有何能,妄肆评骘!"翁曰:"不敢。将军得不欲老拙献手熟之技,固所愿也。"因于担内,觅一细而长颈之瓶,请将军假以青钱二百,叠置瓶口,扶之似管城子,窥之若一线天,然后左扶瓶钱,右掣油提而倾之,油细如发,涓涓而注,约半炊时,瓶中油满。释手谓将军曰:"如何?"将军亲检青蚨,钱钱清洁,无一文油渍,知翁娴内功,异人也。乃叹曰:"螳螂捕蝉,黄雀在后。吾自今后,不敢轻量天下士矣。"坚问翁姓氏,笑而不答,与侍诏径行,不知何许人也。

孙禄堂

民国十七年,北平内家大师孙禄堂先生来沪,首膺北四川路精武体育会之请,表演八卦拳。届时群英毕至,少长咸集。初由该会公演少林拳术,及某女士之五花剑。孙老先生袍褂登场,略拽袍角,态度从容,起步安详,足按八门,臂如游龙,奇观也。

座池掌声雷动,要求复演,八卦拳初为沪人士所认识。

翌年,余在中华体育会,与先生见,知先生又精形意拳及太极拳。形意八卦,为所擅长。中岁复访求太极,师事郝为真前辈,架式与杨氏所传异。先生精神矍铄,循循善诱,自言练拳五十年,寝馈以之。夜起溲便,必练而眠。为学如逆水行舟,不进则退,有一分工,即获一分益。著有《八卦形意拳术》行世。

相传曩在北平,有日本第一段柔术家某三郎,登门造访,操不纯正华语曰:"特来领教。"先生谦辞。彼出其不意,拳足交加,先生不较而退。日人愈进,路尽碰壁,日人大喜,以为先生插翅难飞。先生不动声色,大袖轻拂,日人忽如秋风之振桐叶,身躯旋转于空中,落地木然而立,自视无恙。尤奇者,恰在原位,不差方寸。知先生功到养深,手下留情,乃鞠躬谢罪,并愿师先生,先生不许。又唻以厚禄,延莅三岛为教官,先生曰:"闲云野鹤,不耐羁勒,阿堵物何有于我哉!"日人无奈,怏怏而去。

赵一渔

清赵一渔先生，字更深，号四明遁叟，鄞县人。工诗文，善书画。山水萧疏澹远，得云林神髓。性闲旷，慕天随子高致，置小舟于河畔，颜曰渔舫，日以捕鱼为乐。善鼓琴，尝月夜弹《平沙落雁》曲，曲终又剪烛写图，颇得天趣。

顾坤伯

梁溪画宗顾坤伯先生，字景峰，吾师也。书法似北海，山水迈石谷，人物山阴，花卉南田。澹逸醇厚，艺林翕服。

民国十八年，筑奇峰草堂于沪之康悌路，即为讲授画学理法之所。诲人不倦，和蔼可亲，教授国画，成绩斐然。课稿约计数千余件，皆当代名家，如王一亭、汪声远、陈迦庵、胡汀鹭、张聿光、朱文侯、张天奇、陆一飞、俞剑华、谢闲鸥、于希宁、谢公展、诸闻韵、汪亚尘、吴茀之、黄宾虹、张善孖、张大千、李芳园、贺天健、朱蓉庄、熊松泉、施扶九、诸乐三、徐培基、赵立民先生等分绘之，先生综其大成，俾学者临摹各家真迹，而无拘泥之弊。取法乎上，斯得乎中。十年于兹，门墙桃李，盛于大江南北矣。兼任新华艺专、上海美专教授，中国画会会员。

上年廿七届展览会于大新公司，救济难民，性质慈善，先生捐助杰作，为《八万图》，有万山积雪，万壑松泉，万松叠翠，万竿烟雨，万山积素，万树梅花，万峰云起，万山云树，笔力遒劲，各极山岚变化之妙。标价连框仅国币五十八元，已经被人定去，可见知音之多也。晚近蓄古墨古砚，及宋元珍本甚夥，寄乐于画，会心于古，是艺人而兼收藏家矣。

改七芗

华亭改七芗先生，名琦，字伯韫，号玉壶外史，天姿英敏，诗词书画，并臻绝诣。其人物仕女，尤能以拙见媚。逊清道光时，薄游沪滨，下榻于孛笋香光禄吾园,光禄好客如仲举,为风雅主盟,东南名宿,咸来止止,文宴之盛,几同平津东阁。

先生尝读《红楼梦》而艳之,补成画象四卷,为生平杰作。其笔致之工丽,布景之精雅,可与六如、章侯抗行。郭桂旂赠诗曰:"谁识当年幻玉仙,红楼色相渺云烟。却将画史传情史,留结诗场翰墨缘。"

周芷岩

周芷岩先生,嘉定人,精竹刻,为逊清嘉庆时名手,钱竹汀宫詹尝为之记,入《竹人传》。余尝见一笔插,只盈寸竹耳,上刻竹林七贤:阮籍抱三弦,弦线三条,细若毫芒;阮咸弹月琴;王戎吹笙;嵇康据案作画,而向秀注视若不瞬;山涛道家装,踞石执卷读书;刘伶持犀角杯,张口作饮状。眉目如画,衣褶当风,见者疑为鬼工。但二百年来,未闻继响,所传嘉定竹刻,近且愈趋愈下矣。

梅花道人

吴先生镇，元嘉兴人，字仲圭，号梅花道人。富于词藻，工画，为元末四大家之一。尤长山水竹石，画成辄自题咏。人称其诗、书、画为三绝。尝画骷髅一轴，题其上云："漏泄阳春，爹娘搬贩。至今未休，吐百种乡谈。千般扭扮，一生人我。几许机谋，有限光阴。几许活计，汲汲忙忙，作牛马何时了？觉来枕上，试听更筹，古今多少风流，想蝇利蜗名谁到头。看昨日他，非今朝我，是三回拜相，两度封侯。采菊篱边，种瓜圃内，都只到邙山一土丘。惺惺汉，皮囊扯破，便是骷髅。"

袁寒云

袁先生克文，字抱存，号寒云，袁项城中子。秀骨珊珊，倜傥风流。长国学，通曲谱，诗文媲曹植，顾曲胜周郎。性孝友，知大义。

民国四年，袁氏为群宵包围，图谋称帝，令改明年为洪宪元年。先生痛哭流涕,苦谏不从,乃款段出都,轻装游沪,鬻书自给。书件无大小,一例番佛两尊,润廉字美,求者若鹜。直例奇,书法更奇;而写字之法尤奇。

先生与芙蓉城主结不解缘,日令人磨油烟一升,如小儿睛。兴至,就榻挥毫,一手擎纸,一手落笔,上纸悬空,其仆掣之。横幅直条,不加绳墨,而行列整齐,顷刻数十纸。墨罄则止,复就灯吸烟,抵足而眠。俄顷,酣声起焉。

好古物,客有以龟纽秦印易法书,得之大喜,因颜其室曰"龟庵"。并著考据,刊于《晶报》。

与林屋山人善,山人悬壶海上,先生为文以张之。偶唱昆剧,粉墨登场,表情道白,一时无两。所惜年未四十,即归道山,未能竟其长才也。

黄警顽

黄先生警,字警顽,上海人。尊翁芄公先生为大教育家,学问道德,当代知名。先生幼承家学,卓荦不群，甫释书本，即供职商务印书馆。前总经理夏粹方先生奇其才，擢为巡行分馆之职，足迹遍国中，所至欢迎。返沪，名大显，凡主席教师，胜流闻达，士女幼稚，商人工友，来馆者，靡不殷殷招待，如沐春风。中华书局开幕伊始，网罗人才，慕其大名，曾相延聘，许倍酬，先生笑谢之，人高其义。历仕馆当局如高凤池、印锡章、王云五诸先生，俞垂青焉。

先生吐纳风雅，听者皆忘饥疲，舆论翕然，各界公上赠号曰交际博士，洵当之无愧。长文词，擅体育，精神充沛，颜如童子。公余埋首著述，多寿世作。曩为译述英语先进谢洪赉博士立传，捐廉编印小册，附以中外古今格言，遍赠相知。又提倡国术，辑《潭腿图说》，倩徐悲鸿氏绘图，嘉惠后学。近著《店员座右铭》《青年服务修养》等书，本其心得，觉世牖民。

民国二十三年三月三日，先生发起定是日为中国友朋节。今年屈指第六届，于报端发表《致穷友书》，洞中肯要，言言珠玑，人以书而不朽，书以人而千古矣。

马相伯

期颐老人马先生良，字相伯，江苏丹阳人。工文词，善书法。逊清举孝廉，洁身不入仕途，闭户著书，有《致知浅说》等行世。

辛亥光复，历任江苏省都督府外交司政务长、上海复旦大学创办人兼监督、北京大学校长、参政院参政、约法会议议员、国民政府委员。"八一三"后，应最高当局之邀，驺唱入首都，对军国大事多所擘划。国府西迁，中央为适于先生颐养计，护送至桂。桂林山水甲天下，先生优游其间，怡然自得。

廿八年三月十九日，为先生百龄大庆，复旦同学会除呈请国府发行纪念邮票，以示庆祝外，并联合镇、丹、金、溧、扬五同乡会，定于四月六日举行盛大典礼。会中特备先生亲书寿字之百寿碗，分赠来宾，以资纪念。百龄人瑞，旷世所希，况复法书名贵，宜人人爱若拱璧也。

翁同龢

翁相国同龢，字叔平，号松禅，晚号瓶庵居士。诗文简重，书法沉雄。咸丰进士第一。穆宗、德宗两朝，皆值弘德殿为师傅，历刑、工、户等尚书；两任军机大臣，授协办大学士。

戊戌政变，以赞助德宗罢职，发原籍，交地方官管束。常熟县令某，亦风雅士，求翁法书，不应，乃日登门，借小事百端留难。翁一时不察，坠其计，愤书琐屑，如"拭目""洗足"等语予之，以明无他。不知县令得之，裒然成帙，装裱成轴，悬于厅事。翁友见之，告翁曰："官无大小，当权为尊。法书小札今粘县署，词多芜秽，殊不雅驯，曷弗赠书若干，易而毁之，免贻后世羞也。"翁无奈，如其言，县令不再登门寻衅焉。

晚岁以绘事自娱，山水有古致。卒于家，谥文恭。

谭嗣同

谭先生嗣同，字复生，号壮飞，浏阳人。淹通群籍,能文章,好任侠,喜剑术。且富于思想,学佛于石埭居士杨文会,大受佛教之影响。论政治,则黜君权而尚民主。论道德,则斥自利而主平等仁爱。自甲午中日战后,极力提倡新学。

　　光绪二十四年,德宗有革新国是之意,召之,使参新政。然其谋不成,遂被腰斩于市。临刑面不改色,长歌示意。为戊戌六君子之一。遗著有《仁学》《寥天一阁文集》《莽苍苍斋诗集》等。

赵叔孺

　　赵先生叔孺,字时棢,甬之名画家也。擅山水花卉,精缪篆,工铁笔,秀韵天成,均饶古意。余见法绘《江上暮禽》一帧,极目千里,波涛浩渺,蒹葭萦带,平沙隐现,极平远之妙。近法冬花庵,而参以唐宋笔意。跋云:"雁宿芦花鸦宿树,各分一半夕阳归。"书画灵逸,泂绝诣也。

董其昌

董先生其昌,字香光,晚号思翁,华亭人。万历十七年己丑进士,仕至尚书。工诗文书画,书法自谓突过吴兴,画宗北范,潇洒出尘。遗著《书眼》《画眼》,阐发诀窍,超绝古今。崇祯九年丙子卒,年八十有一。

最近余友钱玉洁君持思翁山水真迹一页来,属为题跋,余云恶札,不可作也。钱坚请,余乃奋笔书之云:学问之道,代有兴衰,其衰也必有故,兴也亦必由人,故有王维,然后有董源、巨然;有大痴、叔明,然后有云林、仲圭、房山、方壶。董玄宰起一代之衰,于是有烟客、圆照、渔山、石谷。或以居今语古,思翁之泽,千载犹被也。思翁画,初法大痴,继师二米,后复追宗董源,故二王咸北面事之。学而重师承,思翁可谓百世宗工矣,可不敬乎?

天童僧

董思翁书法妙天下,为明代第一。名山梵宇,非先生书，不足为重。甬东太白山天童古刹，因天王殿毁于火，欲得法书以镇之。住持某高僧亲延先生入山，就寺内平台书之。每字大逾寻丈，方广相如，苦于字巨，非聿可写；定制若许椽笔，亦非五指所得握执。于是踟蹰不决，铺纸于地，而勾勒之，觉神气不完，几不类平素所书，随易随毁，积纸如阜，终无惬意，住持邀入方丈待茶。

尔时墨汁盈坛，纸铺于地未收，未书黄纸遇风翻飐，适有担水僧某过其前，三顾微哂，忽技痒，趋厨房取大帚，乘人不备，以墨汁倾水缸，濡帚于缸，两手持之而书，如神龙矫夭，不可方物。书毕，弃帚担水而去。

先生出，见之大惊。住持亦愕然，虽识书法不俗，恐惹贵客怒，命人弃去。先生急止之曰："此钟、王之真迹，何幸睹之。但请和上相见，愿结性命之契。"命人至厨觅之，无肯承者。先生无如之何，嘱住持以僧书勒匾，归后不怡者匝月。

王蓬心

王先生宸，字紫凝，号蓬心。少司农麓台之曾孙。乾隆庚辰举人,补内阁中书,转部曹,官湖南永州府知府。画承家学,以元四大家为宗,而深得子久法。枯毫重墨,气味荒古,脱略形似,无踪可寻,论者谓出麓台上。为人修髯伟干,胸无城府,好饮酒,善诙谐。居官清廉。爱永州山水,公余时,往来潇湘间,因自号潇湘翁。罢官后,贫不能归,遂往依毕秋帆制军,久之归,以诗画自给。著有《绘林伐材》十卷。

潘恭寿

潘先生恭寿,字慎夫,号莲巢,丹徒人。受学于王蓬心,蓬心以"宿雨初收,晓烟未泮"八字授之,苦思累日,不饮不食,冥然若痴。翌朝昧爽,山雨扑窗,起而不寐,听雨无声,遥望远树被烟云笼罩,中腰遮断若无,仰视苍穹,一片迷茫,山头雾起,山根不见,近处则草绿于茵,柳青如染,久视不瞬。忽有神悟,遂急摄其景,而渲染之。蓬心曰:"得之矣。盖以造物为师,古大家之心灯也。"

由是先生于画，无所不能。山水学文、沈，花草法瓯香馆，尤善人物仕女佛像。与王梦楼太守契，其画皆梦楼为之题，人得之，谓为双绝。乾隆五十九年卒，年五十有四。

柳渔笙

柳先生滨，字渔笙，甬上名画家也，谦抑好学，一洗时下画家傲睨习气。翎毛走兽，无不工致，程瑶笙后，先生继之。朱竹最佳，师板桥，得其神韵；花卉逼肖前哲朱梦庐。十年前，予在甬，曾睹法绘《耄耋图》，蝶飞过墙，狸奴跃面逐之，虎虎有生气。墙阴挺红杏一二枝，妍丽可喜。笔法敏活，布局出奇，惊心动魄，虽纸犹真，杰作也。

上年春，不佞与舒云结俪于宁波同乡会，荷海上文艺界惠锡球璧，名作如林，而先生不弃，承赠册页一帧，法绘天竺一丛，红实累累，黄鸟和鸣，同栖一枝，题曰"天作之合"。宝绘不凡，堪作毕生纪念。刻已什袭精裱，永宝之。

汪亚尘

汪亚尘先生从事艺术,已有三十年历史。近年改变作风,以国画金鱼专誉海上,琳池鱼藻,无所不工。展览会陈列法绘,购者纷集,可见盛名非侥幸可得也。

民国二年,与友人乌始光、刘海粟等,组织上海图画美术院。民五赴东京,入彼邦美术学校肄业。民十返沪,任上海美术学校教师。民十二至十四,主编《时事新报》之《艺术周刊》。民十七,上海美专酿重大风潮,被推为校长,因条件不合,未就职。同年十月赴欧,留学二年余,艺术猛晋。十九年秋离法归国,同年冬在上海开个展,出品三百余件,声誉鹊起。民二十年又任新华艺专教务主任。顾坤伯师所创之奇峰国画学校,亦聘先生加入。予肄业该校,每得先生范本,临摹百回不厌。

吴青霞

吴青霞女士,别署龙城女史,又号篆香阁主,江苏武进人。工诗善画，凡山水人物，花卉翎毛，虫鱼走兽，无不极尽其妙；尤以仕女为擅长，颇得元人旨趣。

女士曩在毗陵时，年未及笄，已名重南北矣。年来侨寓沪上，闻求画者，日益相踵。女士并于最近，集海上闺秀画人，组织中国女子书画会。曾于大新公司举行书画展览，女士成绩斐然。

吴杏芬

杏芬老人，字淑娟，号吟花阁，又署长丽阁主。擅文章，工藻绘。图描没骨，擅徐家生动之姿；纸写澄心，推李氏文雅之制。谢柳鲍茗，噪其逸才；顾绿倪黄，独得法乳。艺林之才媛，画学之渠范也。

年及笄，于归晋阳，所天唐锟华观察风雅主盟，政治清暇，翰墨多缘。文章掩嵇、阮之长，钩拓窥钟、王之秘。往往擘笺赠友，裁幅遗人，观察书其前，夫人绘其后。管道昇竹木之写，倒印好嬉；赵明诚金石之编，不迷慧眼。以米家之书画，效果庞之倡随。每当琴瑟鉴响,风日暄妍,搦管晨摹,然脂暝写。开琉璃之砚匣,意蕊凝香;横玳瑁之笔床,心花吐艳。苹蘩多暇,绘百花长卷,活色生香。当代胜流,如杨岘、吴俊卿、杨兆鋆、汪洵、叶树南、张謇、费念慈、高邕、黄山寿、陆廉夫等百余家,均有赠作。诗文琳琅,珠玉相辉,诚清末之韵事也。

老人自题诗尤佳,兹录之,诗曰:"墙阴隙地净无埃,觅得名花次第栽。自笑化工归腕底,千红万紫一齐开。""兰闺清课鲤庭趋,艳卉奇葩信手摹。买得冰绡工点笔,闲来写作百华图。""一枝秃笔费精神,叶叶花花画不真。花到开时须写照,惜花多是画花人。""濡毫吮墨学南田,私淑于今二十年。愧我写生功未到,聊从家学溯源渊"。

民国廿五年,中国女子书画展,余睹老人法绘六尺花卉屏,笔法高洁,神韵欲流,知老人福寿,逾杖国矣。

卷中

赵介臣

赵继抃先生,字介臣,湖北人。于清初起义,被获不屈死。工书法,笔力遒劲。遗墨某姓藏最富。有病疟者,百药毕投,无效。或告之曰:"赵先生血性男儿,疟鬼畏惧,曷弗焚灰吞之,必得奇效。"病者如言,果获痊愈云。

凌 村

凌村先生,逊清时以医名于浙西,精脉学,擅调理,对于《灵枢》《素问》等书,滔滔如数家珍。性乖僻,不计诊金,惟求治者,须有人鹄立门首,以俟其至,否则往往已至宅边,翩然而去也。

先生初悬壶,求治即众。有无赖某,顿生觊觎心。时当炎夏,天热如焚,无赖者身着棉衣,伪作病态,至凌寓求治,以试其技,先生侦知之。时病人满室,无赖热不可耐,急求诊。先生曰:"我侪定例,依号数诊治,不能独先也。"诊毕三十余号,始至无赖,则时逾午刻矣。

先生诊即挥之去,曰:"七日死矣,盛夏暖衣,汗出太过,已成亡阳之症。目今玄府已空,一脱衣即将冷不可耐,至七日阳气一周,人身一小天地,汝无阳以应,不死何待!"已而果验云。

蒲作英

蒲先生华,字作英,秀水人。善画竹,心醉坡公,花卉在青藤、白阳间;书法如蚓蚓,苍茫有劲。侨寓沪上,所居曰九琴十砚斋,鬻书画以自给,笔墨不自矜重,有索辄应,与润金多寡不计。人以其易,弗重视,至殁后声价频增,视昔数倍。

赵之琛

赵之琛先生,字献甫,号次闲,清钱塘人。嗜金石文字,通隶书,工行楷。又善画山水花卉,清逸高古,意境在宋元之间,精篆刻,为西泠八大家之一。所居高士坊,终年杜门,栖心内典,时写佛像。

遗著有《补罗迦室印谱》,都十二册。先师周湘先生赠余一部,于明窗净几展而阅之,刀法苍劲,缪篆工致,油然发思古之幽情,非时人所能及也。

陈鸿寿

陈鸿寿先生,字子恭,一字曼生,清钱塘人。以古学受知于督学阮芸台阁学,与从弟云伯同在幕府,有二陈之称。后官知县,署赣榆,补溧阳,所至循声卓著。创文学,修邑志,办赈之善,为大江南北最。工诗文、隶古篆刻。尤善山水,意兴所到,生趣盎然。酷嗜摩崖碑版,行楷古雅有法度,篆刻精严浑厚,人莫能及。

宰溧阳时,名流麕至,厅事西偏有连理桑一株,因颜其斋曰"桑连理馆"。钱叔美、改七芗、汪小迂合作《桑连理馆主客图》,吴江郭频伽为文纪之。

先生宰荆溪,曾令宜兴良工杨彭年制茗砂壶,并画十八壶式与之,后又增四式。其壶铭皆江听香、郭频伽、高爽泉、查梅史诸名宿所作,故隽永有味。字皆垂泥半干时,用竹刀刻就,然后上火。每器二百四十文,精工者,须三倍其值。其名曰石铫、汲直、却月、横云、百衲、合欢、古春、井兰、春胜、饮虹、钿合、井形、覆斗、瓜形、牛铎、画石、半瓦、笠形、胡卢、飞鸿、天鸡、合斗。创式制铭,为世所珍,号曼生壶。道光二年卒,年五十五。

王　鹤

近代名画家王先生鹤,字云轩,号鹤巢,无锡人。家学渊源,精于绘事。山水花卉,飞禽走兽,人物写生,并皆工妙。摹古而不泥古,别出心裁,求其准绳重心。课徒之余,本其心得,著《鹤巢人物三千法》行世。举凡毛、钢、铅、炭诸法,无不详备,而布局、起稿、设色、化形等过程,尤反复引申。昔人尚秘,先生公开,其胸襟为何如也。

又娴于小学,发明字母二十有九,拼合变化,能发二万二千四百四十五音。已邀汉音统一会之聘,向悉字典检字之不易,而搜其笔画之不同者,都为八类,作《汉文部首改良法》,得教育部酬金奖章。今又从事于训诂。

年五十,买宅于城之承贤桥畔,得园半亩,筑室数椽,额其门曰"鹤巢",室曰"无我"。盖思天地之间,无物不可以为我有,亦无物不可为非我有。闭户著书,焚香读书,时或辟园种菜,以自适其蔬圃之乐。

黄瘿瓢

黄先生慎,字恭懋,瘿瓢其别号也。福建汀州人。侨寓扬州,与板桥、复堂、冬心等相友善。工书喜画,长吟咏。生当雍乾鼎盛间,与仁和金寿门同以布衣擅诗、书、画三绝,而得名于邗沟之上者也。草法宗怀素上人，画仿徐天池，人物远师梁风子减笔派，苍劲疏落，神气奕然。晚岁游戏三昧，时用指法，更觉奇趣横生。画山水则兼法倪、黄，时出入仲圭之间。事母以孝称。事略载《汀州府志》。

沙山春

沙先生馥，字山春，苏州元和人。工人物、仕女、花卉，颇饶韵致。初与山阴任阜长共砚，同私淑老莲，而问业于渭长。

既见笔意不若薰雄伟恣肆，自叹弗如，非别求分道扬镳不可。乃舍老莲而宗玉壶，专精于仕女花草，并上规六如粉本，近撷秋岳清芬。不数年业成，果以仕女花卉得盛名，而与阜长各占一席地于吴门矣。

任渭长

任先生熊，字渭长，浙之山阴人。工花鸟山水，尤擅人物。其画一宗同郡陈章侯法，如躯体之雄伟，衣纹之圆劲，傅色之清润雅淡，古致有神，皆一望而识为老莲的派也。

同光间，沪江月旦，有"海上三熊"之目：即谓渭长任熊，与嘉禾之子祥张熊，梦泉朱熊是。然以气息神韵论，秀水二熊，实远逊山阴弗若焉。遗著有《剑侠图传》《于越先贤传》《列仙酒牌》诸刻。

任阜长

任先生薰，字阜长，熊之弟也。人物花卉翎毛，皆师事其兄，以直追老莲。中岁遨游南北，长侨寓于姑苏、春申间，所见藏家名迹甚多，心目间得涵育之力不少。故其最精之作，气魄沉雄，洵能直入九品莲台主之室。继往开来，与兄渭长同为老莲派之传人。而张山阴之帜者，毕竟自有其真焉。

任伯年

任先生颐，字伯年，亦署百年，为任熊族子。工人物、花卉、山水、鸟兽，艺出家传，师承有自。加以格物穷理，推阐既极其致，则变化自更神妙。故先生之学，虽出于二长，而气格苍老，意致潇远。其神来之笔，往往过之。

设色花鸟，妍淡多姿，极饶雅趣。人物魄力宏深，气局紧凑，取老莲之衣纹，而归于敛；宗渭长之傅色，而去其殷。庞肥之貌，易而为丰修；高古之描，参之以遒劲。斯所以有抗席之名，出蓝之誉也。尝为杨伯润写《语石图》，杨亦绘《山阴访古图》以报之。

钱吉生

钱先生慧安，字吉生，别号清溪樵子，嘉定人。其作画处，颜曰"双管楼"，故又署"双管楼主"。擅人物花鸟，而仕女尤工，其取貌纯以妩媚清丽、骨相修雅擅胜。

初作人物，一宗华新罗，后渐脱化，更上窥仇唐，取其精意，以融洽于新罗中。故兼有明清笔致，而绝无明人之院体气习，斯为可贵，所以能自成一家。世号钱吉生派,当时与沙山春派并峙,而今之传其衣钵者,较沙派为盛云。

王　冕

王先生冕,绍兴诸暨人。生于元季末叶,天才纵逸。其诗排宕纵横,不可拘以常格。家贫好学,早失怙,事母孝。幼牧牛,过学舍前,闻琅琅读书声,辄留连默记。塾师某爱才若命,见而悯之,授以句读。先生寓目不忘,恒牵牛坐柳荫,而诵不辍。荏苒数年,学大进。

时值黄梅,天气烦躁,放牛憩绿茵,须臾彤云密布,雨过天晴,斜阳反映,满湖通红,山光水色,翠紫欲滴,湖中莲渠,荷珠的历。先生有动于中,遂萌画荷之心。翌朝,调脂弄粉,与花传神。三月后,色彩明艳,气韵生动,题诗填印,俨然一没骨花卉之名家也。

好艺术者,给资购画,远近知名。先生菽水承欢,放弃牧务,日惟闭户读书,伏案作画,生活裕如。

年弱冠，经济问学，豁然贯通。性甘淡泊，不慕荣利，于《楚辞》识古衣冠，乃自制高崖之帽，宽阔之衣。县主偶得其画以寿上峰，大加击赏，亲访求之。先生闻讯而遁，几召不测。事平，归故里，奉老母。母病革易箦，曰："在山泉清，出山泉浊。子隐居不仕，可。"母殁，先生蹢躅哀号，人为泪下。

服阕，天下大乱，群雄蜂起，明祖起兵滁阳，据金陵，号吴王，策马相访，问平治戡乱之策。先生曰："心服为上。"洪武中，恩授参军，欲大用之，先生夜观天象，即夕隐居会稽山中，不言姓名。使来入室，则蟏蛸满室，蓬蒿蔽径而已。

桂 馥

桂先生馥，字未谷，曲阜人。曾为杏坛扫坛夫，拔萃后，衍圣公以执照还之，蠲除斯役，故先生有"净门复民""浚井复民"二印。著作甚富，均由友人付梓。其《晚学斋诗文集》，为曲阜令王大槐刻；《札璞》

八卷,为李柯溪大令刻;《缪篆分韵》正续,为同人醵金刻;《续三十五举》,《再续》《三续》,皆翁覃溪学士手书,刻于山左试院。《说文义证》五十卷,杨以增河督刻;《隶篇》为翟云升进士刻。

程君房

程先生君房,明歙县人。性风雅,善造墨,明墨以程为最著。尝刻《墨谱》十六册,题跋皆当时闻达之士,图绘以丁云鹏为最多,雕镂之精,世无伦比。因伙友方于鲁负心,册后附《中山狼传》,并图四幅。但方亦以鬻墨起家,《中山狼传》一出,方氏蒙垢,遂出资购烬此传,故传世甚少。

恽南田

恽先生格,清武进人,字寿平,一字正叔,号南田,别署白云外史、云溪外史、东园客。工诗文,擅书法,尤以善画鸣。初画山水,及见王翚画,自叹不如,乃改画花卉,创没骨花一派。其画并为题识书之,世称南田三绝。门弟蒋冰复于法书名画碑帖中,集南田诗,刻《瓯香馆集》。康熙二十九年庚午卒,年五十有八。

钱　载

钱先生载,字坤一,号箨石,嘉兴人。年四十,成进士,就馆选,洊擢卿贰,屡掌文衡。然归后,家徒壁立,藉画为活,所写花卉竹石,皆为世珍。梁山舟学士尝品其所作兰竹第一,菊次之,枯木又次之。且云此翁一派天趣,虽不佳亦佳。笃论也。卒年八十有六。

钱　沣

钱先生沣,字南园,云南昆明人。乾隆壬戌进士,官通政使司副使。刚正特立,不阿权贵,敢言直谏,屡与和珅忤,后珅卒败。善画马,望云蹀足,向月争雄,得者宝之。著有文集、诗集、奏议等若干卷。

童　钰

童先生钰,字二树,号借庵,山阴人。工诗,善山水,尤善写梅。尝题画扇云:"疏疏堤柳曳残烟,郁郁汀兰匝远天。斜日半边云半折,一竿山影落渔船。""水阔云寒日落时,蒹葭采采树离离。醉来有意无人会,棹向中流读楚词。"卒于河南,年未四十。著有《二树山房诗》。

生平喜古铜印,箧中所蓄,恒数百颗,日以摩挲为乐。与袁简斋时相唱酬,而未识面也。及卒,简斋哀之。

董　诰

董先生诰,字西京,号蔗林,富阳人,文恪公邦达之子。乾隆二十八年癸未中举。次年,传胪入庶常,四十余年,勤慎供职,栽培寒畯,外无炫赫之名,内具和而不同之守,克称贤相。善画,工诗古文词,书宗羲、献,雅有名誉。嘉庆时卒,年七十有九。

李廷珪

古今造墨之妙者，无过南唐李廷珪。廷珪之墨，浸水中三年不坏。其墨制法，每松烟一斤，用真珠三两、玉屑一两、龙脑一两，和以生漆，捣十万杵，故坚如玉。有龙纹、剑脊、双龙、蟠龙、弹丸诸墨。更别墨为三级，以字区识之：其珪字作"下邽"之"邽"者为上，"圭洁"之"圭"者次之，"珪璧"之"珪"者又次之。作"廷珪"字者，伪也。但南唐去今已千载，若有得者，不减获右军之真迹，珍而娱之可矣。

翟大坤

翟大坤先生，字子垢，号云屏山人，嘉兴人，寄居吴门。性萧散，不肯治经生家言。工山水，早岁即声名噪甚，求者丛集。其画无稿本，亦不喜对临前迹，而笔下每兼综各家之长。写生亦得古意。后病耳，又自号无闻子。家蓄一砚，甚宝爱，失去怏怏。旋迹得之，以重价购归，遂颜所居曰"归研草堂"。继子昌，世其学。

伊秉绶

伊先生秉绶,字祖似,一字墨卿,晚号默庵,福建汀州府宁化县人。乾隆己酉进士。守惠州,下车问民疾苦,汰陋规,抑豪强,建丰湖书院,课诸生,有程法。尝修朝云墓,于苏文忠祠沼,得德有邻堂古砚。寻以擒剿归善奸民陈亚本事,忤总督劾戌,会新督倭什布至,平反,入告以情,事类刘清之于魁伦,特免其罪。再知扬州,力持风雅,文采映耀一时。父忧归,辟秋水园以养母。嘉庆二十年九月卒,年六十二。扬州士民祀之三贤祠,为四贤祠。三贤者,宋欧阳文忠、苏文忠,清王文简,皆扬州名官也。

工诗文,精篆隶,好蓄古书画,颇究性命之学,屏谢声色。每食必具蔬,曰:"藉以清吾心耳。"其被劾也,洒然若无事。值坡公生日,招宋芷湾辈,悬屐笠小像,赋诗饮酒极欢。间写水木云峦,不泥成法,有金石气,然不轻作。乞其画者,每以墨梅应之。吴门潘榕皋,题其《秋水园图》,诗云:"疏篱短构影横斜,小筑偏宜傍水涯。那得扁舟便乘舆,看君泼墨写梅花。"著有《留春草堂诗集》。

田菊畦

　　古代铜器及汉方壶,时有嵌金银丝及金银块者。《唐六典》载十四种金,内有嵌金一种。可见此项工艺,由来已久,惟不知何时始嵌于木耳。潍县自乾嘉间,即多有以此为业者,后渐衰。

　　民国以来,知重工艺,乃渐振兴,其区别可分为嵌铁、嵌铜、嵌木三种。嵌铁者多半车马之饰。嵌铜者,只文房玩具,皆用途狭隘,销路不广,业之者甚少。嵌木者,大至屏风床椅,小至一盒一板,凡日用之物,无不能嵌。故用途广,销路畅,而业此者亦众。业者虽众,惟雅鉴斋、桐荫山馆二家为最精。

　　雅鉴斋主人田菊畦、兰畦昆仲,皆年近古稀,仍日孜孜为之不倦。所嵌花鸟山水,俱有匠心。嵌成各件,金银相映,光彩夺目,微妙处细如毫发,必视以显微镜,乃能得其真像,可为神矣。其所嵌多文房小品,一印章盒之微,银售五十两,可见其价值矣。巴拿马赛会时,曾竭一年之力,嵌小方屏风二:一嵌大明湖风景,一嵌千佛山风景,终得最优等奖牌而归。

陈苇汀

味古斋恽帖,石刻最精,闻皆陈苇汀勾抚上石。当时拓本,可值银六两,后为曹秋舫所藏。太平军入城,悉取此帖石片与吉金图,砌盘门城垛。今见者垂涎三尺,而坚不可动。世有尤物,为造物所忌,每每如是,可慨也。

秦承业

前清秦承业,官侍讲学士,值上书房,一日召对毕,仁宗授以玛瑙烟壶。壶系名手雕刻,一面兰亭山水,一面刻"此地有崇山峻岭,茂林修竹",皆阳文,因极赞雕工之精美。上曰:"试对此。"学士即以"若周之赤刀大训,天球河图"对。上赏其敏捷,即以烟壶赐之。按鼻烟始于清,赵之谦《勇庐闲话》,考之极详。

朱彝尊

朱先生彝尊,字锡鬯,号竹垞,又号醧舫,晚号小长芦钓鱼师,清秀水人。康熙间举鸿博,授检讨,与修《明史》,嗣入直内廷,引疾罢归。生平博通群籍,综贯经史,工古文诗词书画,与新城王士禛称"南北二大家";又与慈溪姜宸英、无锡严绳孙,称"江南三布衣",著作等身。

与宋牧仲中丞和论画绝句,不摭拾画苑剩语。第吟赏生平所见,而神理已超超玄著。近代数十名家,皆得附之以传。

一贵官语先生曰:"骨董中,剑与镜最足取,以有用也,最无用者惟画乎?"先生笑曰:"公好官,请以官喻:凡抱关击柝,各有所司,所谓有用也。若宰相无专职,而百官之职皆其职。如公言,则宰相最无用矣。世间衣服,饮食宫室皆用之适吾身,独画用之适吾心。当尘鞅劳劳中忽得名画,便如置身长林巨壑,心为一洗,或对古名贤高士,则肃然起敬。画虽一艺,其用最大,愿公勿轻议也。"

王学浩

王学浩先生，字孟养，号椒畦，昆山人。乾隆丙午举人。善山水，以元人为归。闲澹旷适，绝意干禄，喜汗漫游，遍历燕、秦、楚、粤。晚岁山居，奉母甚笃，乡间称道。平素诗酒自娱，虽有踵门求画者，辄被拒绝。所居马鞍山南老屋，距今之半山桥，仅数十武，中有小园曰学圃，澄潭古木，风景幽秀。又构三楹，其深不能容席，尝拟斥资改建，未果。

道光三年四月，匠人朱玉冈与先生甚善，某次以十纸索画，戏谓之曰："盍为我作轩，以当画值乎？"朱曰："诺。"数日而轩成，先生难辞，画竟予之，并颜其轩曰"易画"。有诗纪事曰："以画易米古所闻，以轩易画今尤特。从来罕事不浪传，即此名轩亦已得。"后将其著作更名为《易画轩诗录》。其论画诗云："轻挑浅泼出希音，平淡天然见性情。参得此中消息透，荆关摩诘拍肩行。"卒年八十余矣。

颜习斋

颜元之先生，字浑然，又字易直，号习斋，清初河北博野人。家奇贫。三岁时，父为满兵所掳，不复返。母改嫁，遗雏孤苦，邻家悯之，给以剩饭残羹。及长，为人佣，去苗拔草。遇隐士某，赏其慧，授以文学，一日十行。不数年，学大成，决心寻父。值兵荒马乱，道途修阻，遂不果。五十后，立志出关外，觅父踪，困苦颠沛。越数年，得同戍老者指，负父骸骨归故里，以礼葬于祖茔。

二十四岁，开始教子弟，初名其斋曰"思古"，自号思古人。尊陆王，学程朱，屹然以道自任。谓圣人必可学，期于主敬存诚。日静坐八九次，以究性命之学。居恒敝衣冠，人望而笑之，不顾也。

三十五岁，自觉"思不如学，而学必以习"，乃更"思古斋"曰"习斋"。是年，学习数。次年，学习书、射，及歌舞、演拳法，设教里中，从学者日众。

五十七岁，南游洛中，与众儒辩，谓"道不在章句，学不在诵读"，必须实学实行，方是周孔之道。

六十岁时,河北肥乡郝君邀请主讲漳南书院,除教以读讲作文应时以外,习射、习书数、举石、超距、技击、歌舞等事。其所定教学之计划曰:"宁粗而实,勿妄而虚。"院中正庭四楹凡四斋,东第一斋曰文事,课礼乐、书数、天文、地理等科;西第一斋曰武备,课兵法、攻守、营阵、陆水战法、射御、技击等科;东第二斋曰经史,课十三经、历史、诗文等科;西第二斋曰艺能,课水、火、工、象数等科。此可谓经纬之才,有用之学,锻炼躯体,无学成身毁之患。朴实坚苦,有安内攘外之功,吾以为孔子后,一人而已。

谢闲鸥

谢闲鸥先生名翔,别署海上闲鸥。上虞人。画学深入玄微,人物则精神流畅,仕女则秀逸多姿,补景则参酌灵妙,愈增美感。山水外间罕见,极层峦叠嶂之奇,有冒雪出云之势。画法追唐宋而轶元明,近代玉壶、丹旭之后,仅见也。享名甚早,艺林推重。著《闲鸥画集》,刊行于世。传韵之笔,有百美小幅。

精致之作,如《螺壳道场》《垓下之战》《赤壁泛舟》《闹元宵》等图,高山密树,寸马豆人,妍淡无迹,飞扬有神。间作苍松,清标独具;漫写花鸟,天趣环生。

息影挥毫之庐曰"长虹",在南市尚文路何家弄,战后仓皇避居,所蓄名迹荡然。现执教鞭于国华中学,课余与蒋吟秋、程小青、郑逸梅先生等,诗画自娱,氹瀣一气。干戈扰攘中,视为唯一遣愁之事。上年不佞订婚,荷赐法绘《画眉图》,曾印纪念册之首,清宜淡雅,见者称之。

王 维

古图既不可见,亦不必见;不见之妙,胜于见也。但图可不必见,而名不可使之亡也。如载籍中《辋川图》,秦太虚观之,便却疾。闻其名已使人惝恍神迷,况睹其真迹乎!

唐王维,字摩诘,太原人。开元九年进士第一。天宝间,诗名极盛,为尚书右丞。工书画。措思入神,至山平水远,云势石色,绝迹天机,非人工所到。

尝画大石一帧，后为风雨飞去。又画《袁安卧雪图》，有雪里芭蕉，乃得心应手，意到笔随，自成妙品。别墅在辋川，与裴迪时游其中，因为图画，极臻其妙。著《王右丞集》。

《画学秘诀》曰："画道之中，水墨为上，肇自然之性，成造化之功。"苏子瞻曰："味摩诘之诗，诗中有画；观摩诘之画，画中有诗。"可谓精鉴者矣。

陆　恢

陆先生恢，字廉夫，号狷庵，吴江人。工山水，兼擅花卉。气韵蓊宏，笔法超逸，为吴愙斋尚书所称赏。尝膺吴聘，入湘抚幕，复从军出关，饱览南北山水之胜。其后历主吴兴庞氏、武进盛氏、平湖葛氏，为之审鉴书画名迹，心摹手追，所造愈臻神化。

道州七十八叟何诗孙题其画曰："廉夫先生，少年即以画名江南，其工力深于余，其所见古人名迹多于余。而足迹所至，南极潇巆，北出居庸，山川奇丽，烟云吞吐，蕴之胸中，而发之腕下，故无笔无法，而无笔不脱于法。此幅尤其得意之作,合米颠、香光而一之,不仅希踪高、方两家也。”

清道人

李瑞清先生,名文洁,字梅庵,号清道人,别号梅痴,临川人。其印信曰“阿枼”、“师郑室”、“黄龙砚斋”、“艺子犹龙”、“土梅华庵”、“李道士”。工书法,创清体,峭峭险峻,笔如披麻,中岳风流,去古不远。师事何蝯叟,与康有为同年,更与曾熙共几砚。廿有四年,北李南曾,名重一时。督学两江,咸相庆。广颡重颐,丰指巨臂,捉笔濡墨,且谈且书。鼎革后,完发南归,寓海上,鬻书自给。以周金作篆,从两汉窥六朝。每临一碑,惊绝四海,沉古拙厚,为二千年书家开一面目。为人书件,不冠国号,仅书干支。署仁兄,不称先生,虽当道权贵,不能强也。

尝论书云:“手腕至活也,而欲其死;斑管至死也,而欲其活。盖腕不死,则管不活;惟腕死,而腕之功乃到。管不活,则字亦不活;必管活,而管之用始

95

神。"又曰:"《散氏盘》,近代学者多鼓努为力,锋芒外曜,安有淡雅雍容,不激不厉之妙。故不通篆隶,而高谈北碑者妄也。"曾熙尝谓阿某善取篆隶之精,驰骋古人荒寒之境,临《嵩高灵庙》,用笔得之《乙瑛》,布白出于《郑固》,纳崄绝入平正,饶金石气,其工力深也。庚申七月卒。

道人在日,所入颇不菲,亲友赖以举火者十数家。及殁,顿失凭依,如丧考妣。道人偶抚山水小品,以书法出之。笔笔顿挫,瘦劲有神。名家见之,为之搁笔。梅兰竹石,尤高逸洒脱,并世无二。

张得天

张先生照,字得天,号泾南,康熙时人。官至刑部尚书。初学书于其舅横云山人,苦志力摹,每作辄呵斥。先生请书法,山人曰:"苦学古人,则自得之。"先生因匿山人作书之楼上三日。见山人先使人研墨盈盘,即山研墨者而键其门。乃启箧出绳,系于阁枋,以架右肘,乃作之。先生窥见其隐,效为之经月,又呈书。山人笑曰："汝岂见吾作书耶？可见古人于笔法，无不自秘，然亦以秘之甚，故求者心挚而思锐。一得其法，则必有成也。"

高宗《怀旧》诗云："羲之后一人，舍照谁能若。"其见重如此。又善墨梅，极其雅秀。深通释典，诗皆禅语。乾隆十年卒，谥文敏，年五十有五。

顾　鹿

顾先生鹿，字轶庭，鸳湖人。精八法，真草隶篆，无不工妙，而于小楷尤佳。供职中华书局，教科书及印刷物，须先书而后制版者，均出先生之手。扫叶山房书林之署书，清秀挺拔，所谓以小楷法书大楷者，市招仅一见。

生平怀绝技二：一为反书，写于扇笺，向日映之，与正无殊。一为粒米书，取米一粒，写唐诗一首，加题年月、姓名、图章，点点如灰，非目力所能辨。显微镜照之，点画波磔，神韵悠然，见者疑为鬼斧神工。纳须弥于芥子，凝白虹如车轮，艺术至此，可称绝伦。

今先生往矣，不闻第二人。

程瑶笙

程先生璋，字瑶笙，皖之休宁人。幼学业于故乡之当肆，暇则涂抹，无所师承。自工六法，精于博物学。多写生之作，草虫走兽，尤得神似。笔墨雄浑，精气凝练，近世不易多觏也。中岁来沪，画名籍甚。曾写《百猴图》，以润资让半也，故所绘百猴，或露尾，或见尻，无全躯。人询之，曰："钱半，猴亦半也。"其风趣类如此。身后遗资巨万，妻妾对簿公庭。板桥画竹，六尺三千；玉壶写山，丈缣五两。钱非造孽，黄金作祟耳。

胡公寿

胡公寿先生，名远，华亭人，又号横云山民。工画山水，兰竹花卉，萃古今众家之妙。卓然大家，艺林推重，谓三百年来，无此作也。买宅沪南，颜所居曰"寄鹤轩"。与虚谷上人善，时相过从。卒年七十。余家旧藏法绘画石一帧,玲珑丑怪,犹如鬼面,得意笔也。

乔重禧

乔重禧先生,字鹭洲,为光烈后人。学问深沉,有才子之目。尝游京师,一时名公巨卿,咸折节与交。当涂尚书黄左田,延之写《御制集》六十万字。旋佐学便校文,两出关门。著有《滦水说》,及《宣镇二长城说》。嗣以念母年高,遂南归不复出,与黄霁青太守善,唱和不辍。

书法得平原风骨,尤精赏鉴,周鼎汉砖,法书名画,入其目,真伪立辨。诗近少陵。殁后徐紫珊上舍,刻其《陔南池馆集》于《春晖堂丛书》。毗陵李申耆尝谓鹭洲诗文,合昌黎、少陵、香山、眉山为一手。其为通人所许如此。

戚饭牛

江南才子戚饭牛先生,名牧,别署饭牛翁,余姚人。书法飘逸，天亶聪明。喜作小品文字，开篇山歌，脍炙人口。晚年自传，纯粹劝世，兹录之，以为暮鼓晨钟。其文曰："余自戊申挈眷来沪，东涂西抹，屈指三十年，不敢脱离板凳生活，而专事书画。上海居似古长安，真所谓居之不易，薪桂米珠，鸽笼如蟾宫。三十年来，仍旧大中学校教教书，墙门馆处处，小说稿编编，电台播播音，报馆投投稿，以书画为副业。亲友以为饭牛翁收入丰盛，生意兴隆，孰知一个儿子大学读书，开门七件，件件飞涨。每日清晨六时起床，至午夜尚是埋首伏案。日里则脚不停，嘴不停；入夜则笔不停，头不停。挖心思，动脑筋，所以要摇头，亦即所以表示莫可奈何之意。惜无人见，可叹可叹！一笑。如是一日做到夜，仅仅一个开支，勉强苦度。若专靠书画，早已成为饿殍。所以奉劝青年，学书画，还是学实业。一个人能书能画，原属潇洒风流，高人一等。明窗净几，笔墨精良，写写书画，又属温饱优秀子弟极高尚的艺术。习学成功，将来在骚坛艺苑里传名千古，更属名利双收之事。但是书画是文雅点缀品，不急之物，与骨董等。现在时世，各处商业凋敝，失业人如山坍海啸，面包饭碗问题，兀是解决安排为难，那有闲情逸致，求书觅画，装潢欠房钱、藏当票、室人交谪之房屋哉!"苦口婆心，未可厚非也。

胥芝堂

胥先生芝堂，潍县人。善制伪古铜器，其法以水银杂锡末，涂器令匀，复以醋调硇砂染之，视其色变，即以新汲水浸之，或欲茶色，或漆色，水浸即定。如不入水，至绿为度，随以新布擦令光莹，俨然古铜。仿铸鼎彝，置古器中，虽精于鉴赏者，见之亦莫辨真伪。又能仿制汉印，远近无不知者。

又著骨董家辨铜器诀曰：法以热摩手心擦之，有铜腥者伪；又其款无纤毫模糊，笔画宛如仰瓦，不深峻，大小浅深如一，必伪；又铜器入土千年，纯青如铺翠，其色午前稍淡，午后则翠润欲滴，间有土蚀处，或穿或剥，并如蜗篆则真。若有斧凿，则伪也。若入水千年，则纯绿而明莹如玉，未及千年，绿而不莹,其蚀处如前。其不曾入水土者,名传古世,流传人间,色紫褐而有朱砂斑,或凸起如辰砂,入釜煮之,斑愈见者真。伪者以朱漆为之,易辨也。

先生殁后,其子尚能继其业云。

谈文灯

谈麟祥先生,字文灯,别署梦石,海盐人。逊清举孝廉,识国势将变,隐居不仕,以著述自娱。精书法,有润格。温文尔雅,孝思纯笃。亲殁,有《寻梦图》之作;海内胜流,投赠诗画,凡数百家,如吴安吉、李梅庵、樊樊山、杨云史、冯超然、丁宝书先生等,名家杰作,弥足珍贵。藏书小富,颇负时望。师事金山高吹万诗翁,翁答诗云:"谈师师我我惭之,饱学如君我所师。早识文章有丰格,果然病骨独能支。"盖先生浸淫书籍,荏弱多病,实录也。"八一三"后,浙西难作,匆遽来沪,心血结晶,未及携出,均遭盗劫。

先生目击时艰,又痛悼亡,上年七月卒于沪,年五十有二。著有《修身古训》《梦石初稿》《桂影轩丛刊》《武原先哲遗著录》《八法丛谈》等书行世。陆瘦梅词人挽曰："欲哭无泪，欲归不得，故乡鱼烂矣。忍回首桂影摇风，梦庵泣雨，沦落天涯侵老病。初则私淑，继则师事，夫子木铎也。最伤心藏书散佚，旅邸悼亡，凄凉孤岛与同归。"

郑所南

郑所南先生，初名某，宋连江人。宋亡，改名思肖，即思赵也。一字忆翁。所南、忆翁，皆寓意。隐居吴下，自称三外野人。坐必南向，岁时伏腊，辄望南野哭，再拜乃返。闻北语，必掩耳亟走。工画墨兰，疏花简叶，不求甚工。画成即毁之，不妄与人。其所自赋诗以题兰，皆险异诡特，盖以摅其愤懑云。贵要求其兰，尤靳不与。庸夫孺子，颇契其意者，则反与不计。邑宰求之，不可得，知其有田，因胁之以赋役。怒曰："头可断，兰不可画！"自易代后，为兰不画土。或诘之，即曰："为番人夺去，汝犹不知耶？"

尝著《大无工十空经》，隐为大宋经，以空字去工加十，则宋字。又颜所居曰"本穴世界"，以本字之十，移置下文，亦大宋字。终身不娶，浪游无定踪。疾亟，嘱其友唐东屿为书一牌位曰："大宋不忠不孝郑思肖。"语讫而卒。

有诗集曰《心史》，言多种族思想语。所作《德祐二年岁旦》诗，自注云："时逆虏未犯行在。"诗曰："力不胜于胆，逢人空泪垂。一心中国梦，万古下泉诗。日近犹望见，天高问岂知。朝朝向南拜，愿睹汉旌旗。""有怀长不释，一语一酸辛。此地暂胡马，终身只宋民。读书成底事，报国是何人？耻见干戈里，荒城梅又春。"

胡汉民

胡汉民先生，字展堂，广东番禺人。早岁留学日本法政大学毕业，即努力革命工作。民国成立，历任广东都督，南京临时大总统府秘书长，国民政府立法院院长，国民政府委员，中国国民党中央执行委员会常务委员会主席等职。

先生于治事之余，不废吟咏，才思巉绝，根底深厚，故所为诗，屏除浮采，不必刻意仿摹，而陶、韦、杜、韩，及香山、放翁、半山、后山、宛陵、广陵诸家神粹，奔赴腕下。且远游幽居，语滋深刻。陈氏衍、冒氏广生诸公所为叙，称不必是诗人而诗弥好。又陈散原翁题辞，谓先生之诗"探微如谍"，皆至言也。

遗著有《不匮室诗钞》《三民主义之连环性》等书，并手编《总理全集》。书法仿《石门铭》，绝佳。民国二十五年五月卒。

顾恺之

晋顾恺之先生，字长康，小名虎头，无锡人。义熙中，曾官散骑常侍。画师卫协，丹青特妙，如春蚕吐丝。张怀瓘《画断》云："象人之美，张得其肉，陆得其骨，顾得其神。神妙无方，以顾为最。"顾即谓先生也。每画成人，或数年不点睛。人问之，答曰："四体妍媸,本无关于妙处,传神写照,正在阿睹中。"俗传虎头三绝,谓其画绝、痴绝、才绝也。

尝以一厨画寄桓玄处,皆其绝妙者,深所珍惜,糊题其前。桓乃发橱后窃之,而缄闭如故。先生检画,不疑被窃,直云妙画通灵,变化飞去,犹人之登仙,正以其痴,而可欺之以方也。著有《论画》《魏晋名臣画赞》名篇传世。

陆探微

刘宋陆探微先生,吴人。宋明帝时,常在侍从。丹青最推工妙,画有六法,自古鲜能足之,惟探微得法为备,擅绘人物故实,妙绝一世,深得象人风骨之旨。穷理尽性,事绝言象,有包前孕后,古今独立之概。与晋顾虎头后先辉映,故后世推重名家画法,每以顾陆并称。《历代名画记》称先生能作一笔画,连绵不断。浙西甘露寺殿后,有所画马鸣菩萨像,世以为宝云。

张僧繇

萧梁张僧繇先生，吴人。天监中，为武陵王国侍郎，直秘阁曹画事，历官右将军，吴兴太守。善传貌，兼图绘云龙丹青人物。相传画龙不点睛，点则破壁飞去，说载《神异记》及《太平广记》中，其艺之神可知。所绘仙佛，与顾陆并重。其画山水，则先以青绿重色，图峰峦树石，而后染出丘壑，不以墨笔先钩，谓之没骨法。后之没骨皴，即自张始。

顾野王

陈顾野王先生，字希冯，吴人。早仕梁，后入陈为黄门侍郎。书画俱工。七岁通经，九岁能属文，年十二撰《建安殿记》。长而遍观经史，天文地理，虫篆奇字，无所不通。宣城王于东府造斋，令野王画古贤像，命王褒书赞，时称为二绝。尤工草虫。《宣和画谱》载御府藏有野王所绘《草虫图》长卷一轴，生动有致，飞舞若真，笔法工细，为后世所罕见。著有《玉篇》《舆地志》《姓氏谱》等书行世。

王兴源

　　王兴源先生,归安之善琏镇人。估笔扬州兴教寺,甚困。扬市羊毫无佳者,嘉庆丙寅春,包世臣先生得友人介,试其笔而善之。兴源欲将去再修,谓此笔固已无弊,然见君指势,修笔势以称之,当益工。已而信然,因问之曰:"寻常市笔差可用者,不过什一二,何耶?"先生曰:"此修工之优劣也。能手所修,虽千百管,皆精良如一。出俗工则必无幸焉。俗工取值廉,能手三倍之。估笔者多嗜利,用笔者少真知,此市之所为尤佳笔,而佳笔之所为难售也。"

梁启超

　　梁启超先生,字卓如,号任公,广东新会人。有胆识,善文章。师事康南海,革命思想则过之,为前清戊戌维新运动魁杰,事发先遁,得免于难。民国初曾任财政、司法等部总长。参加云南起义,推翻帝制。蔡松坡为其高足,集先生西南所发反对帝制之电文,名曰《盾鼻集》,蔡为文序之。

生平拙言词,而富于著述,文势浩瀚,一泻千里,日撰万言,倚马可待。所著《饮冰室文集》,民初风行一时。著作等身,不赘述。

周 镛

周先生镛,字备笙,钱塘人。童年嗜画,为张子祥入室弟子,山水得四王神韵,未弱冠已名噪海上。达官贵游,墨林耆宿,悉相引重,叹为奇才。嘉定张颐,以坊行芥子园山水画传旧本漫漶,商于先生,重临付印,画四百余稿,不三月而书成。精力大耗,遂病,旋卒,春秋仅二十有八。

杨伯润

杨伯润先生,字佩甫,别号南湖,又号茶禅居士，嘉兴人。父韵，工书画，收藏名迹甚多。先生幼承家学，临古不辍，因以成名。橐笔游沪，与任伯年善，互相切磋。山水初尚雄浑浓厚。中年后，造诣精深，私淑倪高士，平淡雅秀，得其法乳，为诸家所莫及。

王　概

王先生概，字安节，初名丐。本秀水人，家于金陵。山水学龚半千，人物松石，无不精研兼擅。好结交达官，时人为之语曰："天下熟客王安节。"善诗文，有《澄心堂纸赋》见称。兄弟皆笃行嗜古，旁及诗画，擅名于时。

曾手绘《芥子园画传》，能抚晋、唐、宋、元、明诸家法，如数家珍。树石起手，最便初学。擅郑虔之三绝，识王维之众妙，惜彼时印刷未精，不能以珂瓅版印之，徒有轮廓，而乏墨韵，未免美中不足。然价廉普及，造福艺坛，其功岂浅鲜哉！

虚谷上人

虚谷上人，俗姓朱，籍本新安，家于广陵。因感三界火宅，八苦难堪，立志弃家为僧，披缁入山，不礼佛号，作书画禅，间写山水花卉、家园蔬果，冷隽圆净，蹊径别开。尤擅金鱼，生动敏逸，濡沫逐波，恍如鱼乐国也。

徐卓呆

古吴徐卓呆先生，名传霖，号半梅。博闻强记，滑稽多辩，自称李阿毛博士，东周淳于髡、西方卓别林，不得专美于前也。长体育，多才艺，著滑稽小说，及信箱答话，笔锋犀利，言中有物。

初投身于游艺界，与郑正秋善。先生话剧中饰丑角，笑料百出，观者莫不捧腹。继与夏月润等创连环戏，冶电影平剧于一炉，于社会有相当贡献，惜不久销歇。复与汪优游合作，创开心电影公司，专摄短幕滑稽剧，能演能导能编。

民国廿五年，渡扶桑，学园艺。廿六年学成归国，任明星训练所讲师。公余出其心得，以旧报浸烂砌假山，置盆景中，稚松稚柏，纤篁数丛，风景幽雅，曲水流觞，似有高士栖隐其间，不啻一帧名贵古画也。

"八一三"后，先生主编《益世报》周刊，一贯滑稽作风，易以"吃豆腐"新词，寓庄于谐，纸贵洛阳。近于废历新年，又著《李阿毛白相上海滩》《豆腐西施逃难图》，讽世之作，妙人妙笔也。

张宗苍

张宗苍先生，字默存，一字墨岑，号篁村，吴县人。善山水，出黄尊古之门，以主簿理河工事。

乾隆十六年南巡，先生以《吴中十六景》画册进呈。十六景者：万笏朝天、寒山晚钟、支硎翠岫、千尺飞泉、法螺曲径、华山鸟道、天池石壁、石湖霁景、灵岩积翠、海涌一峰、邓尉香雪、光福山桥、穹窿仙观、包山奇石、莫厘缥缈、苏台春晓。御览称善，每幅御题诗一首，藏之大内。命入都，供奉内廷。十九年授户部主事，时年将七十，以老归。不久卒于家。

刘　鹗

刘先生鹗，字铁云，别署洪都百炼生，清江苏丹徒人。好游嗜古，为近代最早之甲骨收藏家，著《铁云藏龟》，对于殷墟文字阐发无遗，嘉惠后学，其功匪鲜。

所著《老残游记》，为著名小说之一。书中预言北拳南革，无不验。先生多能鄙事，博览群书，《老残游记》，特其文章余事耳。

王玉如

王玉如先生，字声振，奉贤人。居南桥，精篆刻。尝从陈寿卿先生游，得见其所藏汉印精品，艺乃大进，每一印刻成，见者惊叹，盖一笔一画，皆从汉印中出也。

晚岁馆洞庭叶锦澄怀堂中,镌石千方。辑《印谱》四卷,长洲李果同、黄子隽序之。其徒鞠履厚,字坤皋,国子生,颇得其传。著有《坤皋铁笔》二卷、《印文考略》一卷。

王九峰

王九峰先生,镇江人。精岐黄术,名噪大江南北,为逊清医林巨擘。脉学无双,能以三指断人病源死生,丝毫不误,人以"半仙"称之。后又号王聋子,王故不聋。

一日,镇江藩司旗人某,使仆迎先生视病,既至,不遑细问,导入兰闺。病者为一妙龄女子,粉妆玉琢,丽若天人,自罗帐中伸柔荑,先生方诊问,有不惑之妇来床侧,愁容满面,问王曰:"病无恙否?"边说边将一小指,向王一示,并目注帐中之人。

先生受此暗示,知必有故,而不知所以。忽生误会,以为女郎如夫人也,脉象兆喜,壮硕无病,遮莫大妇嫉妒,故以小指示意,嘱我不可说耳。诊毕,延入书房开方。主人问曰:"何病也?"先生起身对曰:"恭喜大人。"主人错愕,敛容曰:"喜从何来?"王曰:"脉象弦滑搏指,左甚于右,决非病脉,定属男胎。不久,大人将生公子矣,非喜乎?"

主人一似怒不可遏,匆遽入内,隐隐闻楼上有哭泣声,哀求声。待先生方纸写毕,见主人神色有异,进门即曰:"先生好医理也!教你看个末事。"命仆献礼三盘,一黄物,一白物,又   刖覆之以巾,启视之,赫然一血肉模糊之男婴也。先生见之,大惊失色,两耳遂聋。

迮 朗

迮先生朗,字万川,吴江诸生,以纂修四库馆书议叙得官,居忧未仕。工诗、古文、词,尤长四六,兼写山水,得四王之妙,为艺林所珍。

一日,闲步踏月,过茅舍前,闻竹篱内哭声甚哀,叩扉问之,知父殁,无殓资。先生恻然悯之,命取纸笔来,寥寥数笔,着墨不多,立成一巨幅,嘱来晨张于桥畔,如官舫过,必有求画者,非百金莫办,言毕径行。

诘朝,孝子依言张画,果有巨舟拍浪而来,一少年坐鹢首,见画登岸,谛视再三,询肯售否,答须百金,方愿脱手。少年曰:"此万川先生笔也。"照数给值,收画扬帆而去,其家赖以举丧。

宋人英

宋人英先生,海上名书画家也。石鼓、钟鼎、甲骨,无一不精;汉碑各体,无一不妙。画则中西兼长。西洋画中之油画风景,英人伦脱尔司、普特而基等,皆重金购之。国画山水、花鸟、墨兰,均臻上乘。曾熙先生称宋氏之墨兰,左转右折,似有神助,风韵飘逸,独步春申。画蟹亦为能手,经亨颐曾为文推崇之。

日内瓦国际博览会,陈列先生扇面一页,正则石鼓等十四种书,背则仿米芾泼墨山水,精妙绝伦,为美人皮孙以二百元代价购去。花鸟四帧,法人白罗克什袭珍藏。其艺术为海外人士所爱,诚国粹之光也。

上年杯水书画救难会,先生义写二月,以所得移助灾黎,古道侠肠,可敬也已。

郭　公

抚琴川砖几,始于明嘉靖间。其砖长约三尺,厚五六寸,阔尺有咫,中空,置琴于上,声益洪亮,出于闽中,江南人恒不惜重值购以为几。镶以紫檀,扣之铿然有余音,名曰"郭公砖"。

相传嘉靖元年,有示百户奉命修月堤,偶发古冢,得是砖,砖上有朱书曰:"郭公砖,郭公墓,郭公逢着示百户。巡抚差尔修月堤,临时让我三五步。"示以呈巡抚,巡抚曰:"让彼十数步,何止三五步也。"其实三五为十五之数,正符其言。郭公何人,而能有预知之术也。

佟忠义

佟忠义先生,字良臣,河北沧县人。工少林,

117

绿林健者莫能当其一拳。前清曾膺奉天镖局之聘，群雄慑服。历任禁卫军、安武军、直隶督军公署、四省经略使署、直隶陆军干部学校，武术摔角教官。第一届全国国术考试，名列优等。

精六合门拳术，所娴器械甚多，如双单刀、春秋刀、孙氏拐、双戟与方天戟、双钩、四路棍、八仙剑、六合剑、大枪等，无一不精。摔角弓箭，尤为专门。

民国十七年，来沪任上海市国术馆少林门主任，兼设中国摔角社，及忠义拳术社。著有《中国摔角法》一书。且擅伤科。

钱云鹤

吴兴钱云鹤先生，原名病鹤，江南老画师也。工赋诗，善属文。三十年前，纵横报坛，与叶小凤、戴天仇、于右任、邵力子先生等，共为报界权威。作讽刺画，深刻含蓄，兼执教鞭，日无暇晷。饱经沧桑，复归于淡，习静养疴，力追古法。著《病鹤丛画》一卷，都生平杰作,约分四类:曰获古,曰立范,曰餐秀,曰野谈。胸中丘壑,蕴藏其间,得清道人署耑,王一亭、曾农髯、吴昌硕、陆廉夫先生四人分题卷首。留真有谱,足垂千秋矣。

民国廿六年,先生自白门避乱来沪,缅怀河山,埋首作画,笔法愈苍,思想愈奇。上年寒衣书画助赈展,所见法绘四屏,每条首字别以东南西北:一曰"东海钓鳌",诗曰:"久炼金钩韧,女排钓海鳌。全凭神力广,击退恶风涛。"二曰"南屏晚钟",诗曰:"何处钟声有,南屏古寺音。休言今寂寞,红日已西沉。"三曰"西池进酿",诗曰:"袅袅行云去,仙姑不染尘。玉缸春酒暖,进与养年人。"四曰"北塞秋云",诗曰:"月黑雁飞高,单于夜遁逃。欲将轻骑逐,大雪满弓刀。"

刘家振

名医刘家振,诸暨人也。瞽其目,跛一足,龋齿露唇,而梅花之额,梨花之颊,甚可人意,妇女见者,咸欲昵之,而又为其丑所掩,故终其身无室也。红羊之役，土匪蜂起，随地皆墟，而包村独免。识者知非仅包立身之勇，足以怯敌，盖亦刘之智谋，有以致之。

刘固非幼而瞽也，早岁通经史，晓兵法，尤擅孙真人《肘后方》。性任侠，为人仗义归产，遭仇暗算而然。设不瞽，刘之技且不止此。濒死之症，一经刘手之扪掷，无不立效。

有巨室女郎患疡于私处，服药无算，均无验，且将不起。其父母将请他医诊治，女力疾谓亲曰："诊脉则可，若欲任医生验视疮处，有何面目！"宁死不从，父母束手。有稔者曰："女公子之誓不令医生诊视者，羞恶之心胜焉。今有刘医盲目，虽扪掷而不知为何人，倘隐不使知，彼自不审患者谁氏，乌虑其腾为口实焉。"女父母善之，苦商于女。女曰："我身将死，濒死且奉父母命，则所以报我亲之厚恩，任何之，唯命！"于是延刘医。

刘至，伪展邦族，并语以患，刘骇走曰："吾诊病数十年，以礼自守，指未触女子之胸臂背腹，而况此乎？若必欲我诊，非敌体不可，他日必为我妻，虽丑勿怪。今日之事，更重于钟芊，虽人不知，我独无愧于心乎？"

女父母不忍其女之就死，则亦应之。刘乃施其术，略一扪猁曰："是凤头疽也，十日可愈。"留药而去，谢以金，不受。后女如期果愈，女父母负诺，女悒悒而殁，刘亦不知所终。

吴鉴泉

太极拳名家，举世得三人，一为杨澄甫太夫子，二为吴鉴泉先生，三为孙禄堂先生。架式略变，有异曲同工之妙。孙先生已归道山。杨太夫子在北平，迄居沪上，硕果仅存。惟吴先生年高德劭，恂恂儒雅，太极拳确有独到之处。

先生，北平人，幼学拳于杨班侯、健侯二祖师之门，苦练硬干，经五易寒暑，而无所得。一日，杨露禅师祖鉴其诚，遂略加指拨，启示诀窍，先生心领神会，而绝艺遂成。性敦厚，自誓终师之世，不轻授徒，不同杨派，以答师恩。

逮庚子义和团起，二杨仙逝，先生乃出任北京公立学校、北京体育研究社，及北京体育专门学校、北京民国大学武术教师，历充总统府卫队旅、北京卫戍司令部武术教官。教育部授予四等奖章。民国十八年南下，任上海市国术馆武当门主任，兼任上海精武体育会、新闻报社等国术教师，并主办鉴泉太极拳社。

先生深于世故，温文尔雅，不论与谁推手，皆谨守范围，不逼人，不拿人，人亦无有能逼之拿之者。徐致一、褚民谊先生等，均其高足，有声于社会。

杨澄甫

北平太极大师杨澄甫太夫子，家学渊源，炉火纯青。民国十八年，太夫子一度莅沪，在宁波同乡会致柔拳社，作友谊之比赛。太夫子两耳垂肩，目光如电，仪表俊伟，迥异常人。立中坐正，胖似弥勒，初由陈微明师与叶大密先生推手，继由北平侍从来沪之师叔某，表演太极，完全断劲，一手一手，使劲放出，咚咚有声。又杨小侯先生独演点血拳，起步灵活，出手若风,观其拳法,似从太极化生。最后太夫子起立,与陈师尊推手,甫交臂,发劲干脆,陈师即踉跄五六步外,敛手称不敢。以陈师之纯功,尚甘拜下风,其劲之重,不言而喻。翌日,陈师曰:"吾师擅气功,一指遥点,如电如针,虽有贲育之勇,亦当退避三舍。近更涵养功深,不屑与人论短长云。"

孙佐臣

孙老元,字佐臣,北平绝代琴师也。貌异常人,性亦怪特,曩为谭鑫培琴手,发音绕梁,有匣剑帷灯之妙。自叫天逝世,目无余子,落落寡合。

相传孙琴有二大奇遇,一为光绪取入内宫,求大太监始得复返。二为日本人某,欲以千金易之,孙不愿也。民国十三年,始为孟小冬一奏其技,抱琴出台,右手套金指甲,长约二寸,轻弹慢剔,声音悠柔,俄而高亢清越,如珠走玉盘,雨打芭蕉,苍苍凉凉,磊磊落落,益转益清,其调益逸,台下彩声,几驾小冬之上。而小冬得名琴之衬托,愈唱愈劲,顾曲者无不叹为双绝。后小冬不常出演，孙为生活所驱，南走春申，一度为梅畹华博士操琴，郁郁不得志。

民国廿五年，穷困以殁，卒年七十五。闻遗琴为苏少卿先生所得，从此嗣响有人，吾为琴庆。

孙星衍

孙星衍先生，字渊如，号季述，阳湖人。乾隆五十二年，第二人及第。幼有异秉，读书过目成诵。及长，与同里杨芳灿、洪亮吉、黄景仁，文学相齐。袁简斋品其诗曰："天下清才多，奇才少。君，天下之奇才也！"性骨鲠，官编修，和珅知其名，欲一见，卒不往。改刑部主事，历官山东督粮道。

深究经史文字训诂之学，旁求诸子百家，皆心通其义。精金石碑版，工篆隶，尤精校雠。毕秋帆抚军在西安刊刻惠徵君《易汉学》《九经古义𧙗说》《明堂大道录》《古文尚书考》诸书，皆先生为之校定。秋帆尝以方正澍、洪亮吉、黄景仁、王复、徐书绶、高文照、杨伦、杨芳灿、顾敏恒、陈燮，及先生诗合刻之，为《吴会英才集》。

归田后,著述甚富,所校刻者,不可胜数。有《平津馆丛书》。卒于嘉庆二十三年,寿六十六。夫人王采薇,工诗善书,早卒。有《长离阁集》。

黄 鼎

黄先生鼎,字尊古,号旷亭,又号独往客,晚号净垢老人,常熟布衣。山水受法于王少司农。喜游名山胜水,足迹遍天下。尝客宋漫堂第,故梁宋间其遗迹独多。下笔有生气,临古之作,尤咄咄逼真,最为神妙,较之王东庄辈,特为过之。为人亢爽,不受羁束,门墙甚盛。雍正八年卒,年八十有一。

仲济川

仲济川先生,梅里名医也。著有《老医一得》八卷,惜已失传。尝有富家儿病暑,邀先生诊治。既至,由其父导至儿宰,仰卧病榻,仲诊右脉毕,索左手,富翁曰:"儿娇憨,烦先生至榻左一诊。"盖独子娇养,爱如拱璧。先生喟然曰:"令郎病不治矣,无须再诊。"缓步而出,富翁大恐,叩请拟方。先生曰:"病不死,三剂可已。手不能动,则死状也。"富翁急谢罪,先生曰:"脉虚而色垢,身热而便泄体虚挟暑耳,前医参朮等剂误矣!"乃为处人参白虎汤,一剂知,三剂已。

司马钟

客有持花卉翎毛四帧,署名绣谷而无题识,来质于余。观之,墨气苍浑,色泽淳厚,生动尽致,真名画也。乃告之曰:绣谷先生,姓司马,名钟,上元人。官直州判。擅长写意花木,及翎毛走兽,笔意豪放,气势遒逸。性傲,嗜酒落拓,酒酣兴起,一夕可了数帧。寻丈巨幅,顷刻而就,墨沈淋漓,酒气勃勃,如从十指间出。往来京师,名日益重。亦善山水,颇自珍,不多作也。

郭 麐

郭先生麐，字频伽，吴江人。工诗文画，无师承，而饶逸趣。尝醉后而为汪小迂画石，次日，复题以长歌，句云："昨暮真大醉，块垒忽一吐。杌然空洞腹，复出此龃龉。生平所石交，皆不在缨组。磊磊落落中，意气自近古。汪君更可笑，斩削弥刻苦。我为图其真，落笔苦牛写。有人欲得之，岁为致鸡黍。不然待双荷，添丁生付与。"著有《频伽词》及《灵芬馆诗文集》。

黄 钺

黄先生钺，字左田，当涂人。乾隆庚戌进士，官户部。未一年，告归乡里。主书院者十年，特召以户部主事，擢赞善，入直南斋，官至尚书，乞老病归。先生工书善画，其生平进御画幅，久邀睿鉴，与富阳相国并称"董黄"。内府所藏名迹，俱经其鉴定。士大夫好六法者，多执贽其门。

先生幼孤贫，尝自题《岁朝图》云："佳果名花伴岁寒，尊前无复旧时酸。须知一饭皆君赐，画与山妻稚子看。"跋云："庚子冬，自山西还京，除夜与内子话旧。忆三十年前，住古桑书屋，买春便可卒岁，殊有极贫居贱之乐。因图示幼子童孙，俾览之，无忘寒士家风也。"著有《壹斋集》《画友录》《画品》等书。

子初民，拔贡生，亦善花卉。

方士庶

方士庶先生，字循远，号小狮道人，新安籍，家于维扬。以书法名世，行楷结构严密，纯学思翁。临池之暇，兼工诗画，受学于黄尊古，有出蓝之誉。尝馆于马氏玲珑山馆，外若木讷，内实淹贯，真守道之士也。惜天不假年，未艾而殁。

许铁丰

丹徒许铁丰先生，江南名士，诗文佳妙，尤工书法，博学多能，兼赅百体，举凡禹碑、甲骨、彝鼎、石鼓、玉箸、铁线、古今隶书、方圆魏楷、大小行草,无不精妙。尝游幕吴孚威麾下,礼以上宾。

民国十二年,先生旅沪,鬻书自给,其润例,吴将军亲笔撰书弁言,有"完白并世,悫斋复生,羲之写经笼鹅,元章画梅换米"云云,余曾见之。

翁方纲

翁方纲先生,字正三,号覃溪,顺天大兴人。乾隆十七年进士,官内阁学士。有《复初斋集》。

先生弱冠入词垣,于学无所不窥,尤精于金石,所著《两汉金石记》,剖析毫芒,不背《说文》正义。精研经术,尤长于诗,以王渔洋"神韵"二字教人,恐流入空调,乃特拈"肌理"二字,盖欲以实救虚也。书学率更,隶法《史晨》,皆工妙。

余 集

余先生集,字秋室,又字蓉裳,乾隆丙辰进士,官翰林院侍读。工诗，善书画，尤工仕女，风神静郁，无画史气。尝写《簪花》《欠伸》《春睡》等图，题者甚夥。郭频伽题其《春睡图》云："三角颓云堕鬓鸦，睡情颊颊见朝霞。只愁衣上春痕重，羞落一庭红药花。"著有《秋室诗钞》。道光癸未卒，年八十六。

黄　均

黄先生均，字谷原，元和人。山水师法娄东，花卉梅竹，入手即通其妙。见赏于法梧门学士、秦小岘司寇。居京师数载。后官楚北，遂构宅武昌胭脂山麓，环山为园，有楼五楹，正对高观山，烟云万态，皆入窗几。诗尤清远。著有《墨华庵稿》。久之归里，购园于城南，具水木之胜。

马公愚

马公愚先生，字冷翁，别号两钟处士，浙江永嘉人。学博才高，和蔼可亲。工四体书，精金石刻，与其兄孟容先生齐名。学界著誉,争相延聘。曾任中山大学、上海中学、大夏大学、中国文艺学院、上海美专等校教授,存德中学董事长。圆而有神,重睹良史之才;方出以智,复见绛纱之帐。门下桃李,灼灼大江南北。先生游于艺,治印其余事也。著有《公愚印谱》《孟容公愚金石书画集》《中华书法史》《应用图案》等书行世。

诸闻韵

诸闻韵先生,字汶隐,浙之孝丰鹤溪人。博综典籍,志趣高洁,诗画书法,皆造绝诣。待人谦冲,尤笃于情谊。来沪后,曾任新华艺专国画系主任,奇峰画校导师,简淡深厚,最擅花卉,为海上名流所击赏。有得其寸缣尺幅者,珍如拱璧。余见法绘《松菊犹存图》,墨法全仿徐青藤,笔力槎桠健拔,殆如篆籀。自题云:"冷淡黄花日渐肥,离奇苍叟大成围。浔阳三径荒凉久,细雨秋风人未归。"不图竟成诗谶。

先生于上年,不耐战氛,遄返珂里,忧患余生,灰心人世。今岁四月,噩耗传来,殁于故乡,年方四十。

艺坛健将，又弱一个，天道无凭，可胜慨叹！凡知先生者，无不同声惋惜也。

许翰屏

嘉庆中年，许翰屏先生以书法名当时，刻书之家，均延其写样，如士礼居黄氏、享帚楼秦氏、平津馆孙氏、艺芸书舍汪氏，及张古余、吴山尊所刻影宋秘籍，皆其手书也。胡果泉刻《文选》，所延襄理者，皆一时知名之士，如彭甘亭兆荪、顾千里广圻。影宋写样，为许先生，故书出而胡刻《文选》名满天下。宋版《鱼元机集》只二十余叶，大字欧体，黄荛圃得之，装潢为蝴蝶式，后为一达官所赏，倩许影抚上版，又托改七芗补绘元机小像于卷首，精工不亚原刻。

书虽小道，一技足以名世，洵然。

郑午昌

郑先生昶，字午昌，号弱龛，别署丝鬂散人、且以居士,浙江嵊县人。曾任中华书局美术部主任,中国画会常务理事,上海美专教授,国际文化协会委员,蜜蜂画社创办人,汉文正楷印书局总经理。

诗文性灵,书画精妙,山水仕女,佛像花卉,走兽竹石,杨柳松云,得五代两宋法,朴厚高逸,无尘俗气。水墨白菜,尤推杰作。行书如天马行空,不可方物,人以××纸或素册索书画者,不应,其品谊高也。

近年造诣益深,主盟艺坛。上年不佞述婚,荷赐法绘《梅竹双清图》,平淡天然,笔墨雅洁。诗曰:"翠竹生奇势,红梅弄好姿。春情浩似海,况在洞房时。"著有《中国画学全史》《画苑新语》《石涛画语释义》《中国壁画历史的研究》等行世。

今庚四十有六,春秋鼎盛,学富而达,前程正未艾也。

顾青瑶

顾青瑶女士,字灵姝,为吴中名画家若波先生之女孙。幼承家学,耽习诗画,雅嗜金石。其尊人敬翁,素喜收藏书画名迹,故女士益得潜心于师古诸法,山水渊源,酷有乃祖之风。书法学《石鼓》,尤遒劲浑厚,镌印出入秦汉之间,得邓赵诸家之妙。尝学诗于天虚我生,为入室弟子。敏求好学,多才多艺,顾皆为画名所掩。

上年中国女子书画会第五届开会于宁波同乡会四楼,以救济难胞。揭幕之日,余躬其盛,佳作如林,美不胜收,而女士仿清湘一帧,神理骨法,尤见精彩。题曰"如此江山不忍看"。奇而能工,迥非闺秀口吻,爱国之意,跃然纸上。

所作篆书,古穆平劲,允跻上流。著有《青瑶诗词稿》《青瑶印话》《画学讲义》《宋大观帖校勘记》等行世。

邓粪翁

邓粪翁先生,初名钝铁,以书法金石鸣。往岁国府曾丐翁书《民生主义四讲》全文,勒石总理陵堂,其见重朝野如此。

其人方面大耳,发华声洪,鼻赤架瑷珺,壮伟类勇士，不佞于某书画展，曾默识之。嗣闻先生主讲厕简楼，桃李春风，吾为同学庆；悲吾以病，莫能从也。偶见伊犹先生为作小传，行文典雅，如初写《黄庭》，恰到好处，爱录之："龚翁籍上海，姓邓，既遂废之，以字行。性亢爽，与世乖戾，好为僻行，人猈之，遂益远俗。豪于饮，醉则骂座，然操行如侠士，能为千金倒囊者也。初治宋诗甚工，一归纵放，浩浩瀚瀚，振荡天地。攻书甚勤，坪首砚池，摹写汉魏六朝碑版数百通，遂探其奥，隶分行草，各极其诣，以其天禀之厚，发于翰墨，故能真气充溢。尤善狂草，腕肘如铁，盖视其书，犹其人矣。工治印，骖靳秦汉，杂以封泥古匋，有睥睨千古之势。壮岁执贽虞山赵古泥先生之门，艺益恣肆，能切玉不仗锥凿，一以腕肘之力赴之，论者谓江皜臣后，一人而已。有《龚翁治印》四卷，《三长两短斋印存》九卷行世。"

缪谷瑛

　　江阴缪莆孙先生，字谷瑛，别号由里山人。工诗文，长绘事，体备众法，自成一家，为近代画菊宗匠。今庚周甲有五，望之如五十许人。前在宁任陆军第四中学图画教师。民初任爱俪园仓圣明智大学教职。吾友朱乐颐兄师事之。曾见其所持法绘扇头，笔致隽逸，设色妍雅，得瓯香馆之秀媚，翠叶黄英，幽香佳色，著墨不多，饶有逸韵。

得名甚早，艺林推重。甲子秋，刊《由里山人菊谱》两册，后学奉为楷模，真艺苑之金针也。又续集两册，在印刷中。

吴　梅

曲学大师吴先生梅，字瞿庵，又字瞿安，别号灵䲝、霜厓，苏州人。深于国学，尤擅词曲，频年为中央大学教授，春溢绛帐，著作甚富，有《风洞山传奇》《血花飞传奇》《湘真阁传奇》《顾曲麈谈》《南北九宫简谱》《奢摩他室曲丛》《百嘉室曲选》等行世。

"八一三"后，避居木渎顾雍如先生家。嗣以中央大学在蜀复校，辗转入蜀。又随校入滇，不幸以疾逝世,存年五十七岁。国府下令褒扬,特给恤金,身后哀荣,谁能如之。

林酒仙

酒仙,名遇贤,俗姓林,在宋为吴门东禅寺僧。人传其事甚异,至号圣僧,以其嗜酒,故又号酒仙。喜食鸽,食后,鸽仍吐出,飞集梁间,以示灵异。今塑像尚在苏城,画法曼妙。

诗意高绝,盖寒山、拾得之流也。诗曰:"贵买朱砂画日,算来枉用工夫。醉卧绿杨阴下,起来强说真如。泥神再三叮嘱,莫教失却衣珠。"又曰:"痴兀兀,兀兀痴,落花流水自依依。醉饱摩挲个肚皮,侬家元是林公儿。"张即之特书以刻石,其石已亡。明祝枝山重书,勒诸贞珉,石田、六如皆加诗跋。拓本余曾见之,艺苑之精也。

蒙古医

笔工某甲,精于艺,额际生一疣,有年矣,以无关痛痒,遂亦置之。时挟出品,往来大江南北。某年至旧都,入一亲王邸第,王甚慈惠,某甲亦非俗工,谈吐风雅,得直接见王于客室。

　　室方有客,王选笔试锋,举首见其疣,问其所以。甲对:"疣生已久,夙不知痛,近则觉楚,无如之何也。"王顾以问客,客为蒙古军医,术得世传,受命按视,诊毕,报王曰:"此骨瘤也,今不割除,终必致命。"某甲闻而哀之,王亦从旁说项,医乃允,谓甲:"汝大造化,此疣不难于割,而难于补脑,盖余骨渐长入脑,所以作痛。割骨破疣,须急以药补其脑,瘤始得愈,药非他,乃生人脑耳。余固蓄此药,汝疾犹可为也。"

　　于是王发恻隐心,留之于别院,蒙古医为之施手术,月余平伏,创痕结痂,其疾若失。某甲除报之以笔外,不费分文,而收补天浴日之效,王之善,医之功也。某甲治愈后,孟河名医费伯雄先生尝见之,非向壁之词也。

施翀鹏

　　施翀鹏先生,字扶九,别号南池,江苏崇明人。

天才卓越，学贯中西，早岁毕业上海美专艺术教育系，后致力于国画，复从衡阳萧厔泉先生游，青出于蓝，学古不泥，恒生新畦，年未而立，令誉鹊噪。先后组织中华艺术教育社、中华美术协会，当选为常务理事及理事，全国美术展览会编辑，伦敦中国艺展干事，新华、奇峰、飞声等画校教师。余肄业奇峰，故先生亦吾师也。范本沉着圆厚，大气磅礴，近觌法作《溪山深秀图》，略师宋人巨然法，墨笔乱柴皴兼点凿，幽深秀润，天趣满目，云木杳窕，深壑透迤，用墨雄浑有神，于浓重中极瀜染生动之致，亦其罕作也。

先生彻悟画理，出其心得，著《中国名画观摩记》《中国画学习法》《中华铅笔画集》行世。其他艺术论文散见于各大报杂志，以及中国画会之《国画月刊》，莫不奇文琅琅，为世传诵。笃于孝行，为承欢计，近方为其母太夫人帨庆，编印书画名家诗画祝嘏集，戏彩多端，奚止什百，恐未逾于此者也。

顾 飞

顾飞女士,字默飞,自号杜撰楼主,江苏南汇人。幼美慧,能诗文书画。师事黄宾虹先生,成山水名家,一水一石,俱有来历,摹古创作,逸趣横生。鉴于海上女艺人多如散沙,无切磋之集团,怒然忧之,乃发起中国女子书画会,登高一呼,众山响应,发展艺术,为大中华美术史生色。

曾出品柏林艺展、全国美展、历届中国女子书画展。挥写出于自然,细密不乱,青绿金碧,浅绛淡墨,兼南北之长,综唐宋之妙,笔法工致,古厚有神,压倒须眉,巾帼奇人也。

应野萍

图鬼魅易,写人物难。能写人物,而有书卷气者尤难。吾观宁海应野萍先生之画,不禁肃然起敬。先生为中国画会、蜜蜂画社会员。爱好艺术,不求闻达,终日以读书作画为乐。

工人物仕女,深入老莲、玉壶之堂奥,笔力秀逸,饶有神韵。一树一石,简而不荒,衣纹如水,柔而含刚,盖半为天才,半为学力也。今年而立,已臻炉火纯青之候。若再三十年,精益求精,海上名画家,将无人与之抗衡矣。

林和靖

宋处士林先生逋,字君复。善行草,喜写诗,未尝录稿。或谓先生何不录所著以传后,曰:"吾终志山林,尚不欲取名于时,况后世乎?"

操行修洁,不履城市。构宅孤山,居西湖二十年,环山皆植梅花,镇日观之不倦。更蓄二鹤,每泛舟湖中,客至放鹤使翔,已则棹舟还,晤客于草庐,梅妻鹤子,千古佳话。卒谥和靖先生。

其咏梅花诗七绝三十首,如"疏影横斜水清浅,暗香浮动月黄昏",尤脍炙人口。清罗天池赞曰:"见先生诗书,予方病,不药而愈;方饥,不食而饱。"孔广陶曰:"和靖先生之品、之诗、之书,都澄澹高逸,似不食人间烟火,所谓乾坤清气,得来难也。"

卷下

张　旭

　　唐张旭,字伯高,善草书。性嗜酒,每醉呼叫狂走,乃下笔,或以发濡墨而书。既醒,以为入神。初为常熟尉,有老人陈牒求判,信宿又至,旭责之,曰:"观公笔奇妙,欲以藏家耳。"因出其父书,天下奇笔也。旭因是尽得其法。又尝见公主担夫争道,而悟笔法。观公孙大娘舞剑器,更得其变化之神。世称"草圣",又号"书癫"。

商笙伯

　　商先生言志,字笙伯,别号安晚庐主,浙江嵊县人。襟抱高逸,博文工诗,旁及六法,腕下通神。弱冠即入政界,由幕而官,前清曾任江西湖口县知县,官清政平,讼简刑措。民国肇兴,宦隐沪滨,颐养太和,鬻画自给。三十年来,求者甚多。

擅写花卉翎毛,气韵淳古,着色奇秀。其写羽毛,均用山水家之皴石法,深得宋元人墨趣。题跋五古,用韵险峭,殆出韩苏。书法尤妙,挺拔不群。

不佞曩睹法绘于书画展,星斗丽天,锦绣被地,徘徊其下,不能去。

先生年逾古稀,精神矍铄,与花传神,为鸟写生。无官身轻,炳蔚丹青,跻上寿,享大年,宜也。

黄　循

黄先生循,字敬临,蜀人也。四川有四怪,黄居其一。早岁登仕版,曾任知事二十余年。调羹和梅,擅易牙术。内廷知其能,乃迁光禄寺正卿,督御厨。德菱女士撰《御香缥缈录》,记御膳,每餐必设百簋,席广方丈，想见其撷采山海，包罗珍味，炰熊掌，脍猩唇，炙龙肝，烹驼峰，玉液琼浆，张致匪易也。

满清逊国，解组回川，发明姑姑筵。就其寄庐，可以宴客，春浓荬尾，异味同尝，名司五六人，分工合作，午晚只造二席。席值自四十金起，至一二百不等，酒饭在外，其价之昂，令人咋舌。然饱饫郇厨者，齿颊留芬，虽费百金，云值得也。

客室餐厅，雕栋画梁，家具器皿，名瓷白金，四壁书画，皆当代名笔。字里行间，多即席挥赠，尚带酒壔。如梁寒操之诗，陈布雷之文，漱石枕流，秀丽典雅。梁间檐下，所悬横屏，珠玉纷披，更属奇观。

黄在日，每有达官贵人，知其行谊，于半酣时，必请黄列席，延之上座，敬酒酹辞。黄乃捻髯大悦，每菜畅述色香味之特点，引为知音，否则鄙视之，不屑一盼也。自言非厨司，而为研究有素之烹饪家。

近已逝世，流风不远，食谱犹存，古诗有云："小隐隐山林，大隐隐朝市。"黄其大隐之人乎！

王个簃

海门王先生贤，字启之，号个簃，别署霜荼居士。切磋好学，邃于书画，耿介拔俗。不屑屑治家人产，善属文，渊渊有金石声。王一亭先生七十寿启，及殁后行述，均出先生椽笔。古有所谓悬之国门，不能增损一字者，近似矣。

所作篆求，郁勃纵横，参以猎碣、金文神意。间写山水人物、花卉古佛，朴厚坚苍，深得晴江、复堂姿势，而古趣盎然，盖由书力功深所致也。刻印踵秦汉遗矩，终日弄石，登丁敬之岱峰，造缶翁之绝艺。甲子冬，吴昌硕先生为订润例，备极推重，不仅以肤词作介绍语。

先生于吴王二公，有针芥之合，故能下笔神似。二公逝矣，世有慕墨妙而不得者，舍先生其谁与归。

张天奇

指画名家张天奇先生，字九峰，无锡人。幼嗜画,无师能通,弱冠来沪,得名师衣钵,艺益精进。笔意苍秀,功夫深厚。近弃笔用指,掀捺渲染,都成妙谛。指头生活,淋漓酣畅。山水佛像,花鸟松石,无不精雅绝俗,奇气泊泊。自玉箸出,极恬淡雍容之致,而务存骨气,可问高其佩之鼎,夺阎甘园之席。现任奇峰国画学校教务主任,兼上海美专教师。

刘继庄

刘献廷先生,字继庄,清大兴人。其学主于经世,自象纬、律历、边塞、财赋、军政之属,旁及岐黄、释道家言,无不穷究;尤精于舆地、音韵。著有《广阳杂记》传世。

其论圣人六经之教,原本人情,融会今古,实俱至理。节其要曰:余观世之小人,未有不好唱歌、看戏者,此天性中之《诗》与《乐》也;未有不喜看小说、听说书者,此天性中之《书》与《春秋》也;未有不信占卜、祀鬼神者,此天性中之《易》与《礼》也。

吴待秋

吴待秋先生，名徵，以得汉元延三斗锔，自号襄锔居士。世居浙西语水之阳。德性坚定，心气和平，修髯大耳，长身白皙。八法自商卜至真行，罔不精妙；六法溯董、巨，迄四王，融冶一炉。故发而为书，雄奇险拔，类古黄衫押衙之为人。为画苍劲郁茂，似昌黎、眉山之为文。

曩主商务印书馆美术部事，因侨寓沪北甚久，既以购宅吴中，金石书画，悉以移贮。四海内外言艺者，莫不知有先生，寸缣尺幅，为世所重。沪战后，避地来沪，息影挥毫，努力艺术。

洪巨川

岁在丙子，七月既望，余乘新宁绍轮旋故乡。途次，邻铺遇一老翁，状貌异常，颧高如鹳，碧眼紫髯，精神抖搜，毫无颓唐态。声若洪钟，身手健捷，窃奇之。

乃借故接近，展其姓氏年龄，彼曰："小弟弟，欲知我历史乎？我姓洪，名巨川，小字阿巨，镇海人，今年八十一。幼以水为家，飘泊海角，能弄潮，踏浪如鸥。长则性之所好，为潜水夫，能入海底捞取百物，然江河水轻而海水重，海潮奔腾，其力千钧，人下海时，旋转如螺，迨至目的地，可谓海不扬波，睁目四瞩，风景幽秀，尤胜陆地。有山冈起伏，翠树纷披，海藻茂密，奇叶伸舒，有刺能钩，尤有珊瑚海贝，五彩缤纷。

尝见海中动物，马牛犬豕，但皆鱼尾，鱼类至夥，莫能名之。巨者如山岳，张吻呼气，吸人及小鱼，如磁石引针。故积有经验，遥见庞然巨物，即极力掣铃，以求速去。鱼小者颇美观，见人悠然而逝，不足惧也。海复有毛虫如蝟，能螫人，鲨鱼张口如锯，力大无穷，则举刀斫之。海底遇险屡矣，而卒不死，此中殆有天也。"

又曰："此艺习之，自丱角时，由近而远，由浅而深，不能闭气者，不足与语斯艺之精也。历时则由一刻而二刻，最久者，能历半小时而后出。腰围以带，刀斧筐筥，咸寄于是。肩膊系长绳，绳尾缀以巨铃，舶上掌绳者，须全神贯注，不能少忽，以备在水者之应求。然而一往一回，体力惫甚，不可以数数往也。"

其言滔滔，闻所未闻，余拙笔不足以写之。窃叹其艺之难，而造诣之深也。闻其洗手者，三十年矣。

翌晨，星月在天，舟泊镇海，翁挟巨裹，一跃上岸，点首而别，余目送之。

禅月大师

五代释贯休，姓姜氏，字德隐，婺州兰溪人，号禅月大师，以诗得名。钱镠自称吴越国王，休以诗投之曰："贵逼身来不自由，几年辛苦踏林丘。满堂花醉三千客，一剑霜寒十四州。莱子衣裳宫锦窄，谢公篇咏绮霞羞。他年名上凌烟阁，岂羡当时万户侯。"谕改为四十州，乃可相见。曰："州亦难添，诗亦难改。然闲云孤鹤，何天而不可飞。"

遂入蜀，以诗投王建曰："河北江东处处灾，惟闻全蜀少尘埃。一瓶一钵垂垂老，千水千山得得来。

秦苑幽栖多胜景,巴歙陈贡愧非才。自惭林薮龙钟者,亦得亲登郭隗台。"

建遇之甚厚,呼之为"得得和尚"。有《西岳集》十卷,吴融为之序,卒于蜀。

李　嵩

宋代李嵩,不详其字号,杭州钱塘人。少孤贫,未尝读书,习木工,格格不相入,颇远绳墨,遂舍去。既而得宣和画院承直郎赐金带待诏李从训见器,收为养子,乃改从从训学画,突飞猛进,能得心灯。

初从训直画院时,以人物、道释、花鸟见长,位置不凡,傅彩精妙,高出流辈。嵩承其学,登峰造极,人物、道释,青出于蓝,转超训之子弟李珏、李章之上,以旁枝承大统,而世其渊源之家学焉。

杜心五

三湘七泽,向多高人侠士,或隐于道,或邃于艺。

杜心五先生，字星吾，年逾古稀，望之如三十许人，道艺高超，群流景仰。相传家本素封，幼失怙恃，为恶叔所迫，流浪江湖，好武术，得奇传，身怀绝技，未尝自炫。其门徒万籁鸣，著《武术荟宗》一书，对先生推崇备至。此书流行，社会震慑，国术界莫不知有杜先生。

民国二十六年五月，游杭莅沪，作客于其同族之家，海上声应气求者，望风而至。席间请先生表演，初谦词逊谢，继以情不可却，乃运气功，身体冉冉腾空而起，首顶天花板，复渐渐而下，众皆惊服。先生曰："此末技耳，人在空气中，犹鱼之游水，为五台山僧所传之蝙蝠工也。"

有不远千里而来，向之讨论者，先生慨然曰："齿刚则折，舌柔常存，国术只是防身，而不能伤人。自近代火器发明以来，虽有极顶功夫，亦失效用。况'靡不有初，鲜克有终'乎！"旋漫游天下，访友谭道，如神龙夭矫，野鹤高翔。

马　远

宋马远，字钦山，马逵之弟，先世本东都河中人。高宗南渡时，有宣和待诏马贲者，随画院南迁至杭，故为杭州侨籍人。贲之后曰兴祖，以善辨验古大家名迹，为高宗所知赏。兴祖之子二：曰公显，曰世荣，俱以花鸟、人物、山水著闻。世荣之子二；长曰逵，次即远也。自贲至钦山，已四五世，俱待诏画院。

马远历事光、宁两朝，山水、人物、花鸟，俱灿然有生动之致，与李嵩各享盛誉，有一时瑜亮之称。近于中国历代书画展，睹《松窗读书图》真迹，工妍秀润，固非今人所能望其项背也。

张聿光

山阴张聿光先生，以字行，别署冶欧斋主，近代画家名宿也。学贯中西，迩尤致力国画，山水人物、翎毛花卉、鱼虫走兽，无不工深。善画虎，精心独运，妙到秋毫，不独写虎之貌，且传虎之神。生气拂拂，自十指出，张诸四壁，恍睹山君长啸君然，血雨腥风，令人毛骨悚寒。擅长白鹤，素衣玄裳，笔法修洁，有遗世独立、羽化登仙之概。山阴自古多名画家，先生其得宗风乎。

曾任上海美专校长，刻任奇峰画校导师，多作写意，用墨挥洒自然，求诸并世，吾见亦罕矣。

吴一峰

吴一峰先生天赋奇怀，雅好艺术。擅山水，出入宋元。精篆刻，胎息秦汉。尝挟艺漫游南北，近年随军入蜀，历游峨嵋、剑阁、青城、嘉陵、岷江诸胜，探奇搜奥，察视民瘼，或图诸绢素，或传于歌咏。五年中，积画数百帧。

二十六年秋，东下省亲，中国画会及友声旅行团，联合请先生出其杰作，展览于大新画厅。海上名流，赴之若鹜。余曾往观，笔墨高超，写景奇兀，川中山水人物，风土险要，莫不曲曲绘出，恍睹天府之名胜。西蜀之奇伟富厚，而尚待开发者有如此，则画展之用意甚深，不仅有益于艺术也。

竹禅和尚

竹禅和尚，清之名画家，而隐于浮屠者也。其印章曰"王子出家"，余初以为殆出天潢之胄，后知其非是，而为王氏子也。

甬上各大兰若，每有和尚墨宝焉。余游南海，见普济寺殿壁，悬有法绘丈二墨竹，分文斑潇湘、风晴雨露八帧，笔势挺拔，极生动之致。题字龙跳虎卧，似为草篆，一派天真，不加雕琢，阔大雄伟，兼而有之。

又于天童常住，获睹石刻《十六应真图》，曹衣吴带，笔法高古，外师造化，中得心源。该寺别倩能手，补绘降龙伏虎二像，虽非庸笔，而拟和尚所作，则夐乎其远。

又于七塔寺，观师八尺《洞天一品图》，瘦透玲珑，神出鬼没，几疑峰从天外飞来，凝玩久之，而叹上人笔歌墨舞臻于化境，前无古人，后无来者。

陆一飞

虞山陆一飞先生，名翀，字仰非，今之名画家也。花卉草虫，胎息徐崇嗣，浸润恽南田。擅没骨法，独开生面，意境之高，用笔之妙，深入网家堂奥，驰誉海上，良有以也。

近与老画师吴湖帆先生过从甚密，常登石湖草堂，与艺林健将，如商笙伯、吴待秋、朱屺瞻、唐侠尘、应野萍、朱竹云、张星阶、吴青霞、郑午昌、樊少云、赵叔孺诸先生等，合作书画。雪锦熳烂，各极神妙。而先生下笔不凡，得清逸疏宕之致，尤能以气韵胜人。现任上海美专、奇峰画校教师，自创飞声画校于本埠之萨坡赛路，海内爱好艺术者，从之若风。

上年承锡法绘并头莲横幅一帧，赋色明艳，弈弈有神，天机花态，悉露毫楮。今夏晴窗展玩，益觉秀色飞来也。

朱其石

鸳湖朱其石社长，以字行，别号葛窗居士、黄龛、翩翩老人。今庚年逾强仕，而书画篆刻，名世久矣。山水人物、仕女佛像、花卉蔬果、写意小品，无不工妙。尤擅镂琢扇骨，摹瓦甓虫鱼、印玺彝器、甲骨泉币、篆隶古文，雄奇沉穆，入骨三分，得者珍之。顾书画精矣，而铁笔尤精，故众妙为金石所掩。海上人士识与不识，咸以先生为现代印人传中人物也。

授课之余，著作甚富，有《其石印存》四十卷、《名印拾遗》二卷、《封泥摹治》二卷、《黄山画人录》一卷，均不朽之作也。

年来游屐所经，辄一一写生，所图黄山各景，从瞿山、雪坪、渐江、髡残入手，别辟蹊径，不同凡俗，幅幅丹青，皆成逸品。黄山黄太玄先生赠诗云："印人中有妙丹青，况法冰斯亦擅名。三绝郑虔兴浙派，清才无愧曝书亭。"

朱志贤

吴门朱志贤女士，字至言，海上名画家，而兼教育家也。淡泊自甘，朴素不华，腹富诗书，雅娴丹青。早岁毕业于新华艺专国画系后，复从王一亭、诸闻韵两先生游，造诣益深。王一老引为得意高足，故书画皆似其师，笔墨苍劲，如天马行空，纵横变化，磅礴豪放。山水仙八大、石涛之间，花鸟得白阳、青藤之妙。作品历见女子书画展，及各地画会，以券资所得，移助难民伤兵之需。平时非知交，不轻落点墨也。

攻艺余暇，热心教育，历任上海县党部妇女部干事，上海妇女协会执行委员，亚陆中学教授，及小学部主任，志毅小学校长，殚心竭力，躬自主持，十二年如一日。遇贫寒子弟，请求免费入学者，无不概诺，是诚艺林之达人，抑亦教育界之好模范也。

吕　瞎

吕瞎，山东即墨人。寓故都，以神相负大名。谓能摸骨,知寿夭穷通,号小瞎子,远近无不知者。传曾相袁项城,有奇验。

当袁三十七岁时,由朝鲜还京,郁郁不自得,访小瞎子作摸骨相。小瞎子循例摸骨后,谓袁曰:"余相人,例一金,君大贵人,须五金,始得谈数语。"袁曰:"诺。"小瞎子曰:"君之相,当握虎符,拥貔貅。四十大发,平步青云,遭际非常。寿止六十,一人之下,万人之上也。"袁闻言颇自负,以慑于辇毂之下,属垣有耳,惧为人知,付直急出。

后袁氏果于四十岁时,授武卫右军,从兹一帆风顺,名震海内。及五十九岁,窃国称帝,改元洪宪,仅八十一日,而云南起义,取消帝制。寻病卒,果如吕瞎言。

朱文侯

名画家朱文侯先生,平湖人。擅花鸟,又工于走兽翎毛,笔法综新罗、玉壶之长,出新意于法度之中,寄妙理于豪放之外,游刃有余,运斤成风。现任上海美专、新华艺专、奇峰画校教授。

公余鬻画，以供知音，不定重值，求者踵接。绘
虎尤佳，幽谷邃壑，青林翠莽间，妥尾编须，气象威
豪，与张虎痴齐名。为人谦仰进道，极为艺林所重。

丁云鹏

丁云鹏先生，字南羽，明安徽休宁人。善绘事，山
水及白描圣贤仙佛造像，钩心斗角，鬼斧神工。尤妙
者，在一触目，便增悲悯之意，欲来接人。折算衣纹，
停分容貌，犹其次也。

余近睹法绘《十六应真图》，高古精密，变化百出，
观其笔法，几欲合唐之贯休、宋之李伯时、元之赵子
昂，以为一手。盖先生深于竺典，长于六法，梵僧情状，
刻画自工，贝叶龙象，法雨莲盂，均有来历。其艺也精，
其学也博，非金寿门辈所能企及也。

陈修榆

甬上名书家陈修榆先生，字星白，镇海人。早登

贤书,不慕荣利,擅诗文,工八法。用笔沉潜高古,脱胎魏晋六朝。写擘窠大字,遒劲挺拔,气象峻嶒,人所莫及。沪上各大银楼,无不以法书题额为荣,年高德劭,立索不应。比年盎簪春申,方谢尘事,樽酒论文,忘情岁月。今庚春秋八十有二,康强逾恒。惟自谓足力见软,拒写大字,盖作书须全身用劲也。

高太痴

高太痴先生,字禅舫,鄞县人。善书法,精绘事,工妍秀润,笔墨高古。所作人物仕女,走兽虫鸟,兼章侯、七芗、新罗、南沙之妙。

余家旧藏法绘墨龙一帧,云气磅礴中,神龙见首不见尾,夭矫不群,翔于左角,银须两茎,黑白分明。盖以铁线篆之法出之,口喷白气,益复烟雾缤纷,迷漫全幅,点睛尤传其神,几疑破壁飞去。是以珍重视之,不常悬客座也。

沃书则行草隶魏,斤斤规矩,然正书大篆,尤见清标绝俗。

冯超然

晋陵冯超然先生，字涤舸，当代第一流名画师也。书画之余，尤喜吟咏。侨寓沪上之嵩山路，镌印曰"嵩山草堂"，媲美于卢鸿之称嵩山高士。山水人物，仕女花卉，元气淋漓，萃荆、关之妙笔；清神妍澹，兼顾、陆之逸品。寸缣尺楮，海内争宝。

性甘淡泊，不慕荣利，人有求者，勿能限以取件之日，否则抱膝长吟，顾而语他。既作下笔，则幅幅精妙，其不苟也如此。负名艺苑已四十余年，世以难求，遂有不肖者，出其鬼蜮伎俩，以赝鼎餍耳食者之望。先生知之，因于报端启事，非关阿堵，惧为盛名累耳。

近作增润诗曰："少年未学剑，命仗毛锥立。身世墨磲人，犹难除结习。工部作诗苦，鲁公乞米难。锄云耕砚石，藉润在毫端。"

李秋君

镇海李秋君女士，书坛祭酒，艺苑宗师。六法深邃，兼赅众长；山水人物，翎毛花卉，无不各臻其妙。余事课画，桃李盈门，片羽只字，得者宝之。历年代表作品，欧美各国画院争收其画，惟不肯轻易落笔，以致无从征求。

上年救济书画展，及慰劳将士展，陈列女士法绘，书法流利腴润，诗亦一语百情，画则骨韵兼擅，云霞五色，雅静晖穆，复绝时流。参观者争相竞购，标价之高，为全场之冠。南之杏芬老人，北之南苹女史，不得专美于前也。

囊无余蓄，为人捷足；海上神仙，至今渴想。犹忆题画诗曰："谁道倾城一笑难，丹青何日报呼韩。蛾眉自有沧桑感，如此江山不忍看！"

叶天士

叶天士先生，名桂，号香岩，清吴县人。精医，闻某人精治某病，即往师之，前后凡十七师，遂淹有众长，名闻朝野。尝徒步自外归，骤雨，道浸水，不通行，有舆人负以渡水，叶谓曰："汝明年是日当病死，及今治，尚可活。"舆人弗信，至期疡生于项，舁至叶门求治，予金遣之曰："不能过明日酉时也。"已而果然。

木渎富家儿病痘闭，念非叶莫能救，然去城远，度不肯来。闻其好斗蟋蟀，乃出重金，购善战蟋蟀数十盆，贿叶所厚者诱之来，因出儿求治。叶初不视，所厚者谓曰："君能治儿，则蟋蟀皆君有也。"乃大喜，促具新漆大桌十余张，卧儿其上，裸之，以手展转，床热即易，如是殆遍，至五鼓，痘皆怒发，得不死。

外孙甫一龄，痘不出，抱归求治，叶难之。女大愤，以头撞柱曰："父素谓痘无死证，今外孙独不得活，请与俱死!"头破流血，叶不得已，慰女毋躁，尽吾力所能，俯思良久，裸儿键置空屋中，自出与博徒戏。女欲视儿，门不可开，遣使数辈，促父归，叶博方酣，不听。女泣欲死，至夜半归，启视儿痘出，粒粒如珠，得无恙。盖空屋多蚊，赖其吮肤以发也。

叶慈善为怀，贫病不苟取，凡就诊者，十之九均奏效。一日，诊一客，叶蹙额曰："奇哉! 汝无病言病，六脉调和，非仙即妖。"客闻言起立，以手挠其须之半，曰："被汝猜得矣！"言讫不见。叶须本白，被挠之须一半，忽成黑色，变为半白半黑，引为奇荣。客何人，传为纯阳吕仙，特往试其神技云。叶生平不喜著述，卒后门人取其验方，集为《临证指南医案》。

八大山人

八大山人，姓朱，名耷。本明宗室，明亡，入奉新山，削发为僧，字雪个，号个山，后用减笔，晚号八大山人。善书法，工篆刻，绘画独绝，兼善山水花鸟，阔大雄浑，无不妙到毫巅。

国破家残，常存复国之心，瓢笠琴书，芒鞋踏云，足迹几遍于天下，利害烂然于胸中。知大势已去，不复可挽，乃间道入赣，卓锡大林寺。苔径搜句，茅檐看山，和泪挥翰，以寄铜驼荆棘之悲。预知圆寂，诗画皆付祖龙。门弟子多从业景德瓷，绍述师志，传统革命观念。故出品皆书八大山人笔法，而无绘者名，以期唤醒国魂。四百年来，至今不辍，虽出俗工，画笔陋劣，八大如故，其蓄意有在也。

山人真迹罕传,近于历代书画展,睹法绘芦雁一帧,笔致纵恣,清超绝俗,艺林墨妙,难得见也。

边寿民

边寿民先生,字维祺,号颐公,别署苇间居士,清山阳诸生。博学能诗,善绘翎毛花果,均饶别趣。宋元之后,殆尤其匹。泼墨芦雁,尤极著名,笔仗粗豪,而富朴古苍浑之气,诸家莫及。所居苇间书屋,名流造访无虚日。焚香读书,抱膝长吟,不与尘事。日亲楮墨,盖淮上一高士也。

严筱舫

严筱舫先生,名经邦,字信厚,清慈溪人。工文藻,善芦雁,家学渊源。得边寿民、李复堂法。未达时,在鄞县署前源源金箔店学业,手足病癣如蛇皮,每当夜卧,爬搔痒处,癣屑簌簌,一床殆遍,同事嫌之。

嗣旅杭某药肆,以所绘芦雁戏张于壁,以为自娱。官绅胡雪岩偶过小憩,见画讶之,同人窃为严危,静聆其言。胡曰:"此人安在?"先生即亦无惧,挺身而出,长揖曰:"下走好弄,有污法目,幸勿罪。"胡曰:"君彬彬有礼,诗、书、画三绝,难能可贵,何罪之有? 蛟龙非池中之物,榛莽非鸾凤所栖,屈居篱下,埋没天才矣! 从我行,可乎?"先生曰:"不敢请耳,固所愿也。"自此遂为胡入幕之宾,飞黄腾达,事业与艺术并进,法绘不常作,作皆精妙。间赠当道、名公巨卿,外人不易得也。

中岁贸迁海上,督办南北盐务,座客倾一时,自创银号,分支遍京粤,为吾甬豪商四大家之一。

先生既显,匡时济世,不遗余力。为军需筹饷、饥民运粟、行旅延医、乡里兴学,皆昭然在人耳目也。

曾农髯

曾先生熙,字农髯,衡阳人。书法与清道人抗行。致力于《经石峪》《瘗鹤铭》,用笔藏转,如舞滚龙。曩与道人在北平时,食必同桌,寝必共席,出必同车,凡二十有四载。切磋琢磨,孳孳为书,驻马观碑,停舟索字,反复研求,互相探讨,上溯殷周,下逮明清,碑版玺铢,莫不了如指掌,异曲同工,各造其极。道人用笔如百炼钢,先生则化为绕指柔。南北二派,各树一帜,行行健,字字奇,无分轩轾也。

先生论书曰:"学琴得之海上,参禅得之屠门,既得之后,无法非实,非法非空,实处习,空处悟,到得悟境,触处天机,头头是道,岂必人人见舞剑器、闻江水声耶?"间以余沈写古木竹石,文人墨戏,为世所珍。后道人十年而卒,艺林悼之。

陈铎民

陈铎民先生,甬人也。初习少林,称棒师,继娴武当,入宁波同乡会附设致柔拳社,推手灵活,造诣颇深。

十年前,服务于南京路华德钟表行,一日薄暮,来暴徒三,二望风,一入店堂,出勃郎宁,抵陈胸,逼令交银物。先生从容不迫,逆料羽党无勇,遂出其不意,兔起鹘落,徒手夺枪,肘触暴客,应劲而倒,遂呼同人缚之,余两人逸去。然后报捕,捕头不信,请其复演。探员乔装执武器,围而观者如堵,不啻尉迟敬德重演御果园救主故事。已而夺枪入握,如探囊取物,捕头趋前,握手为礼,竖大拇指,表示钦佩。

先生不久归甬,任青年会附设国术组之太极拳教师,授法认真,成绩斐然。

八指头陀

诗僧八指头陀,俗姓黄,名读山,为山谷老人之裔。出家后,法名敬安,字寄禅,晚号八指头陀。幼孤苦,为农家牧牛,犹携书读。

一日,与群儿避雨村中,闻读唐诗,至"少孤为客早"句,潸然泪下。塾师周云帆先生骇问其由,以父殁不能读书对。师怜之曰:"子为我执炊爨洒扫,暇则教子读,可乎?"即下拜。师喜,语人曰:"此子耐苦读,后必有所树立,惜余老,不及见。"

无何，师殁。闻某豪家欲觅伴读，欣然往就。至则使供驱役，自读辄遭诃叱，因悲叹非所，即辞去学艺，鞭挞尤甚，绝而复苏者数次。忽见篱间白桃花为风雨摧败，慨然动出尘之想，投湘阴法华寺出家，礼东林长老为师，从南岳贤楷律师受具，参岐山恒志禅师教外之旨。

后省舅氏至巴陵，登岳阳楼，下视一碧万顷，得"洞庭波送一僧来"句，归述于郭菊荪先生，谓有诗根，力劝为学，授唐诗三百篇，一目成诵。好为诗，殚精苦思，推敲至废寝食，久而益精。

尝冒雪登天台华顶峰，云海荡胸，振衣长啸，睡虎惊立，咆哮攫前，枯坐慈相，虎曳尾去。又于深山遇蟒，头大如斗，舌电尺余，念佛无怖，蛇蜿蜒行。旋养疴皋亭山中，夜闻鬼啸，冥然入定，忘身心而遗世界，病寻愈。

住四明最久，窥天童、雪窦，揽霞屿、月湖之胜。郡中吕文舟、徐酡仙、胡鲁封、马文斋、沈问梅诸先生，相与唱酬，诗名满海内。当代耆宿，如郭伯琛、彭雪琴、王壬秋、王益吾、樊樊山、陈伯严、郑苏龛、易哭

庵、李梅庵、俞恪士、喻𡡅麓、陆镇亭、张简硕、陈天
婴、洪佛矢、冯君木诸先生，皆与交最挚，唱和独多。

上人貌奇伟而口吃，性伉爽，无城府。作书非篆
非隶，清拙古怪。文仿六朝，骎骎入古。所作诗如
《咏白梅》云："了与人境绝，寒山也自荣。孤烟淡将
夕，微月照还明。空际若无影，香中如有情。素心正
宜此，聊用慰平生。"清穆幽远，如不食人间烟火。尝
作诗寄李炳甫茂才，有"花下一壶酒"句，书至壶字，
忘其点画，遂画一酒壶于上。

酕仙书法名一时，出纸强上人书，笔画错落，左
右易位如倒薤。然每宴会，酕仙悬之中堂，诸客观
之，无不绝倒。

渡曹娥江，谒孝女庙，叩头流血。或怪之，曰：
"汝不闻波罗提木叉，孝顺父母。诸佛圣人，皆从孝
始。吾观此女即佛，礼拜亦何过焉？"往来湘衡间，常
省先茔，望穷山痛哭，其孝思如此。

任天童寺方丈，时有客仗势，恣啖酒肉，并捕万
工池鱼烹之。上人作《有客篇》，黏客坐以讽之，其一
云："有客有客肆欢谑，白马横骑气薰灼。捕雀僧寮

僧岂乐，对佛伤生供大嚼，佛虽无言佛泪落。"其二云："有客有客胡为乎，公然酒肉入僧寺。杯盘狼藉兴有余，又捕放生池中鱼，池鱼欲逃池水枯。"其三云："池鱼忽泣作人语，曰客曰客吾语汝。我亦曾作富家子，汝曾为鱼登我俎，今我为鱼填汝肚。"客见之，惭而去。

年八十，自营塔院于大童青龙岗，环植梅花，自为序铭及诗，有"青龙岗作涅槃城"之句；并自撰塔联曰："传心一明月，埋骨万梅花。"乞清道人书，道人并署其门曰"冷香塔苑"，时宣统二年九月也。示寂之明春一月，启塔瘞真。语录墨迹，及交游尺牍图书，藏天童常住。有《八指头陀诗集》十卷、《白梅诗》一卷行世，日僧已为编入《续藏》。其未刻者，有诗集八卷、文集二卷、续集二卷。

姚　燮

姚先生燮，字梅伯，清鄞县人。骨格棱棱，诗名秩秩。心仪板桥，博通书画。躬向岩壑，效禹穴之探寻，综窍无讹，并乏他山可以当之。善写墨梅，笔简韵厚，丰姿冷隽，铁骨冰心，有皎然一节之胜。著有《画梅心语》二卷、《词学标准》二卷，伏跗堂藏本，见《四明丛书》全目。

钱松壶

钱先生杜，字叔美，号松壶，清钱塘人。初名榆。诗情画笔，雅秀绝伦，拟题潇洒拔俗。山水清逸，从文五峰入手。墨梅奇姿高古，不染尘氛。余近见二帧，疏影横斜，天趣盎然。精缪篆，工刻印，章法刀谱，纯粹浙派，落落大家，颇为识者所珍。著《画诀》一卷、《松壶印存》一卷行世。

丁悚

丁悚先生，字慕琴，江南老画师也。才胜周昉，貌媲潘安，年届知命，尚风度翩翩，如年少郎。幼操当业，公余习苦，努力绘事，闻一知十，笔法超逸。恒喜作写生画,不为古人所囿,所谓寄乐于画,发挥性灵也。

民初,任上海美专教师,范本明艳,说明邕达。同时为中华图书馆之《礼拜六》杂志作封面时美图,姿态自然,栩栩如生。复从事报界,作讽刺画,寓意深远,精警隽永。

民国廿五秋,写一插画,绘一人独持破伞,彳亍于风雨飘摇之中,伞上书"爱国"二字,情殷觉民,意义显豁。讵为政府当局所误会,认为有损国信,乃电《新闻报》"新园林"主编,查询作者,并召进京,面释一切,由严独鹤先生同行,申明立场,幸得无事。然先生不屈不挠,仍本初衷,对于国家社会多所贡献。近来《国医周刊》每有先生画稿,苦口婆心,其功不在良相下。

曩与诸同人组织天马画会,驰誉艺林。哲嗣丁聪,精书画,得家传,超超玄箸,跨灶之材也。

高剑父

高剑父先生,番禺人。长国画,又精西法,撷二

173

派之长,创折衷画。其纸素以云母粉遍敷之,能渲染叠叠而不渗。所绘山水花卉,翎毛禽兽,有笔有墨,无不活泼泼地,而于阴阳向背,曲尽其妙。余曩见先生仿郎世宁龙驹一帧,尤为神骏。

闻民元初,设审美书馆于沪之棋盘街,发行世界美术画片。莘莘学子,奔走其门,如山阴道上,应接不暇。今地是屋非,不胜沧桑之感矣。《大公报》辑《奇峰遗画集》行世,颇名贵。

徐悲鸿

徐悲鸿先生,宜兴人。天才卓绝,六法清劲。其尊人为名画家,得其传。民元襆被来沪,更求深造,尝入美术图画院,未半载轻之,转震旦,攻西洋画,不学而能,艺术猛晋。旋应爱俪园主人之聘,为仓颉造像,四目双角,法相瑰奇。予酬不受,问其所欲,则愿乘长风,破万里浪,漫游世界。于是主人壮其志,助资爷成行焉。

初至东瀛,继去之巴黎,留学八载,屡开个展于各大著名博物馆,中西并列,精妙通神,笔触新颖,浑脱天成。彼都人士,啧啧称道不已。报界争刊其画,以为殊荣;艺人折节相交,以表钦迟。择尤珍藏巴黎国家博物院。私人购藏者,达数百帧,蜚声海外。载誉归来,埋首于艺,无傲色。海上历届书画展,每有先生大作,如狸奴扑蝶、无肠横行等图,墨韵淳厚,奕奕如生,令人心折。

又工书法,笔势飞动,雄奇恣肆。书画同源,殊不我欺。

祝允明

祝先生允明,字希哲,明长洲人。生而枝指,故自号枝山,又号枝指生。幼聪慧,善诙谐,博览群籍,文思敏捷,有奇气。尤工书法,得遒劲纵横之妙。

有明书家,推徐武功有贞、李太仆日华。武功草书出颠、素,太仆楷法师颜、欧。先生为武功之外孙,太仆之婿,其草法奔放,出于大父;楷法精谨,实师妇翁。兼两公之美,自成一家,遂为有明书家第一。

与同里唐寅、徐桢卿、文徵明称"吴中四才子"。性好酒，放纵不羁。弘治举于乡，授兴宁令，以清廉著名，擢应天府通判，病归卒。

王青芳

王青芳先生，北平人。当代木刻名家也。潜古好学，匠心独运。其取材，有系统，近年埋头苦干，成绩洋洋可观。名所居曰"万板楼"，实则万板，不过只能实现其理想之一部分而已。

顷致力于木刻历代名人像，散见于平津两地之报章，像中不乏模范人物。近睹法刻《虞姬舞剑图》，画理紧张，刀法曼妙，有曹衣吴带之胜。

袁柳庄

明袁先生珙，字柳庄，精通相术。尝于酒肆，一见燕王，即拜趋于前曰："异日太平天子也。"文皇登极，欲官之，先生曰："相陋福薄，不堪仕禄；但求杖头不缺,到处酤饮,足矣。"上乃赐以金牌一面,御书诏云:"赐汝金牌,任汝行走。遇库支钱,遇坊饮酒。有人问汝,道是永乐皇帝好友。"

金　城

　　金先生城,字汤池,黄渡人。清咸丰秀才,状貌恂恂若处子,缘祀产事,为族人所侮,并辱之曰:"秀才造反,三年不成!鸡肋不足以饱老拳。"怒眉轩目,声色俱厉,金愤不能平。退而自思,强食弱肉,天演公例。世乏昆仑摩勒,人海茫茫,何从探觅。临渊羡鱼,不如退而结网,以笨法锻炼气力。命人悬黄沙十石于书室之门,朝夕出入,以手格之。初则汗流浃背,弱不能胜,学习心切,不以为苦。一载后,能自由容身。三年如分水犀,臂肘略动,沙袋远宕至壁,自识力增,苦无试验机会。

　　一日,有游方僧二人,强募钱米,不餍其欲,则举石臼,塞大门,阻止要路;必如其愿,乃掇去之。至金处,又施故技,金曰:"出家人慈悲为本,适可而止,勿恶作剧,以啼妇孺也!"僧不听,金乃俯拾石臼,轻如一钵,遥掷于小溪之中。僧攘臂欲斗,金曰:"我秀才也,无他能。"边说边以左右手分推,二僧不支,跄踉丈许。远立合十曰:"敬佩居士神力,十年后再见!"言毕绝尘而驰。

金自此威名藉藉,族人闻之,登门归产,以求释恨。金忆僧言,不敢怠,功愈进,力愈增,二僧不果来。

李虚中

李虚中先生,字常容,唐朝人,星命家之祖也。元和中,官至殿中侍御史。精哲学,识五行生克之理,阴阳消长之道。以为人生呱呱堕地,至于归正首丘,穷通寿夭,莫不早定。往往谈言微中,有奇验焉。韩愈为作墓志,称其最深五行书。

世传其《命书》三卷,题鬼谷子撰,李虚中注。鬼谷子本纵横家,不闻能知禄命,虚中虽善禄命,而其法用年月日,不用时,与此书言四柱者不合,所举官职，亦多宋制，想为宋人所依托也。

陈沧洲

陈鹏年先生，字北溟，又字沧洲，湘潭人。清康熙进士，精脉学，工诗词，尤长行楷，丰骨遒秀。累擢江宁知府，以清廉著，有"陈青天"之称。为总督阿山诬劾下狱，江宁人痛哭罢市，学使者按试句容，八邑生童，皆火其卷去。事白，再起为苏州知府，颇著德政，吴人感之，呼以"陈太爷"而不名。

至今习俗，凡疾病医药罔效者，辄虔求于陈太爷，大门上且恭书陈太爷字帖，晚间设香案于厅事，谓能邀陈降临，冥冥中得其默祐，以起沉疴云。

著有《道荣堂文集》《喝月词》《历仕政略》《河工条约》等书行世。其事详见于《梅龛散记》。

吴清源

吴清源先生，闽侯人。十龄失怙，随寡母弱兄滞北平。幼善弈，有神童之目。岐嶷沉潜，英华焕发，天才俊逸，进步之速，一日千里，垂垂耆宿，当之辄靡，骎骎乎有压倒群彦之概。

事为段合肥所知，坚邀一见。段为当时棋界泰斗，爵尊望隆。合肥既与吴弈，初欲授二子，嗣知不伦，乃对弈。吴性敏悟，知段好胜，与弈数局，皆胜负不过一子半着，可见其匠心之不易。报界访员，发通讯传外埠，于是通国皆知中国围棋青年国手出世矣。

吴自入合肥之门，其名益震，遂为东邻人士所知，加以招致。渡扶桑后，艺益猛进，彼邦国手本因坊秀哉，每避不肯与其多弈，深惧其天才卓越，负之损名也。

今吴年未弱冠，已成国手。其兄仅长二岁，亦能弈，然不逮弟远甚。今同住东瀛，闻弈亦大进，可得二段阶级云。

王 媪

王媪，南汇人。精技击，得家传，年登八秩，尚能操作耐劳，精神健旺。清晨练轻功，着钉鞋，在七石缸口，循环行走，疾若飞鸟，轻如柳条。

媪家贫，又早寡，糊冥锭以衣食。会有某庵中，来一游方僧，多力凶暴，人惮之，弗敢抗，僧益骄纵。一日，赴媪处，欲购冥锭，强廉其值，媪不允。僧见旁有脚踏纺纱车，重数十斤，即　手提之起，掷媪前，欲压癟其冥锭，以泄其愤也。

媪俟其未下，起两指按而置诸地，僧怒甚，如啼虎，毁其窗户，转身出外。媪乃谓之曰："汝为佛徒，不守清规，强暴甚于匪盗，今故来寻衅，莫谓秦无人。"言已，一跃而起，离地丈余，越僧顶，两足踏其肩，僧顿踣地，两目瞪视，口不能言，身不能动。邻里及行道者麕集，询得其情，咸曰："此僧横蛮异常，惩之固当，若置死地，恐于汝亦不利。"媪以为然，遂右足踢僧臀部曰："去！"僧顿醒，自知不敌，抱头鼠窜而逸。翌日，好事者往庵探之，已不知何往矣。

媪父某，亦以技击名，当太平天国时，一乡赖以安，惟其名，则湮没无知之者。

上官周

上官周先生，字文佐，号竹庄，福建长汀人。乾隆初年布衣。善画能诗，书法秀逸。山水烟峦弥漫，墨晕可观。黄瘿瓢师事之，学人物，享盛名，自成一派，卓然大家，一时绅富，无不乐得墨宝以为荣。

有富商陆某者，出身微贱，赋性尤鄙，为先生所恶，独不得只字，陆深耻之。一日，探知先生性好游，心生一计，赂其僮而授以意。俄而先生出游，信步出西郊，随僮而行，至绿天深处，小桥通津，曲水流觞，茅屋数椽，如鲁殿灵光，巍然独存，门署"癯仙遁窟"四字，知为隐君子所居。叩关而入，见一老者，童颜鹤发，竹杖芒鞋，相叙延座，谈论风雅，先生益心仪之，惟见室中陈设精雅，独粉壁阙如，无一书画。问之，则曰："世多俗物，何堪污吾壁也！"先生曰："某虽不才，聊能免俗，请一试之，得入吾翁目否？"于是命仆以缣楮进，笔精墨良，古砚凹水，先生兴酣落笔，挥洒如烟云，顷刻成十余帧，书款而去。他日与其友言之，心疑与陆同名，复往视之，则茅屋已乌有矣，始知为该商所赚，使人窥之，果然。

先生晚年薄游粤东，颇著令誉。撰《晚笑堂画谱》行世。

谭延闿

故国府代理主席兼行政院长谭组庵先生，字延闿，湘人也。家世清华，父谭钟麟，清季两广总督，簪缨望族，为三湘物望所归。

先生少时已崭露头角，虽以贵介子弟之尊荣，而下帷苦读，昼夜孜孜，父亦督之綦严，故弱冠即发解。明年应礼闱，连捷。殿试时，阅卷大臣已拟第一。嗣以策论中微有伤时语，遂抑置之。然亦成翰林，授编修，簪笔玉署，观政仪曹，年甫二十余耳。

先生既登词馆，益事精研，旁猎新学，以满族之据中华，犬羊荐食，国运凌夷，发愤而弃官，将谋联南中义士以起义。无何，维新议起，朝贵以先生娴新学，复世受国恩，卜其无异志，遂授以资政院长职。先生初不就，嗣以可借以周旋革命，遂任职。

既而南方风云渐急,先生乃遁归湖南,尽起士卒。辛亥事起,首揭旗以响应,一时为两湖屏障,树风气之先,东南纷纷反正,皆先生首倡之功也。民国成立,授湖南都督,寻改督军。先生既领专圻,念保境以练兵为先,遂勤事武备,手握十余万大兵,分驻湘境,比岁无惊。袁氏称帝,张勋复辟,皆征及先生,先生怒且叱。凡革命之师兴,先生殆无役不从,而尤与孙总理为最契,尝激赞先生道德文章,为时矜式。未几,追随总理至广州,为实际革命工作,历任国府委员、主席、院长,夙夜从公,无几微之暇晷,于民国十九年,以积劳致疾而卒。

先生固一名政治家,而文章尤复绝一时,海内争以得其寸缣为荣。其作擘窠大字,雄伟壮健,逼肖颜鲁公。或疑其宗翁常熟,先生笑曰:"吾自作字耳,初未尝私淑何人也。"然海内书家如先生者,殆难其偶矣。性亦癖好作书,每晨黎明即起,起即为人作字,求者必应,无虑千百,虽贩夫走卒,有一面之雅者辄应。其所作诗文,雅有史笔,渊渊作金石声,然不常作也。诗词虽多,散佚未及汇编。

先生自民七丧耦，未尝续弦，尤不愿置小星自娱，谓非革命者所为也。或劝之，掀髯笑曰："我老矣，孰肯偶我者？"风趣多类此。一身系天下重者数十年，而自奉淡泊，粗粝自甘，得谓非人杰哉？弟泽闿，亦以书法鸣世，与组庵先生可乱楮叶，笔致浑朴，超脱雅逸，同为艺林推重。

宋徽宗

宋徽宗，讳佶。天亶聪明，惑邪说，信神仙，不事政治，自号道君皇帝。旁及绘事，善写翎毛，多以生漆点睛，几欲活动，众所莫及。

尝图仙禽之形二十，又制《奇峰散绮图》，有巧夺天工之妙趣。更擅墨竹花石，自成一家。画后押字，用天水（或谓系"天下一人"四字）及宣和、政和小玺，或用瓢印。虫鱼篆文，行草正书，笔势劲逸。初学薛稷，变其法度，自号瘦金书。

取古名画，上自曹不兴，下至黄居寀，集为一百帙，列十四门，综六千五百件，名曰"宣和睿览"。靖康之变,金执徽、钦二帝北去,御藏流落民间。绍兴乙卯,崩于沙漠,寿五十有四。

李中梓

李中梓先生,字士材,清名医也。能诗文,精脉学,重一时。金坛王肯堂,字泰,亦精岐黄术。年八十,患脾泄,群医咸以年高体衰,辄投滋补,病愈剧。乃延李诊视,诊毕,语王曰:"公体肥多痰,愈补则愈滞,当用迅利药荡涤之,能勿疑乎?"王曰:"当世知医莫如君,前数医妄耳。吾亦审此。君定方,我服药,又何疑?"遂用巴豆霜下痰涎数升,疾顿愈。

鲁藩某病寒,时方盛暑,寝门重闭,床施毡帷,悬貂帐,身覆貂被三重,而犹栗栗呼冷。李往诊之,曰:"此伏热也,古有冷水灌顶法,今姑变通用之。"乃以石膏三觔,浓煎作三次服。一服去貂被,再服去貂帐,服三次,而尽去外围,遍体蒸蒸流汗。遂知腹空虚,呼进粥,病若失。其医之神效,不可思议类如此。特素自矜贵,非富贵家不能致也。见《墨余录》。

186

笪重光

清笪重光先生,镇江人。生平刚正无私,世称江上先生。巡抚江西,耳某权贵之子,江西监司,贪墨倚势,声名狼藉,乃奏置于法。直声动天下,权贵嗛之,屡欲蹈先生隙,以图报复。先生知难自存,疏求罢归,隐居林下,官橐萧然,鬻书画以自给,四方不远千里,争求墨宝,户屦常满。先生藉以自娱,不论润笔之有无,皆应之,无不满意。每岁除,笔耕有余,尽赒穷乏,囊中不留一钱,人以是高之。

一日,有客来谒,广颡环眼,修髯若铁,年约四十许,口操秦音,自言慕名来求书画。先生异其状,优遇之,留住三日。客请问曰:"先生知余来意否?"曰:"不知。"曰:"先生真长者!余非他,乃权贵某公之使,将不利于先生者也。"先生笑曰:"大丈夫视死如归,可便斫余头。"客下拜曰:"仆虽鄙夫,素知大义,果欲刺者,不待今日矣!吾闻害大贤者不祥,悖天行事,余不为也。"乃索所求书画,取兼金一百,陈几上,掉头绝尘而去。先生为之抚然者数日。

沈泊尘

沈先生明，字泊尘，鸳湖人。旅沪业丝织品，商余娴六法之妙。为时装美人造象，秀媚入骨，无一相同。布景纯采古意，别出机杼。深几何学，悟重心理，故写身段，妙造自然。尤能提倡女子体育与职业，如骑马、试剑、游泳、航海等图，画里真真，呼之欲出。时在民国元年，《共和日报》附刊画张，每有法绘，张丹斧题诗，两美并具，相得益彰。

余家藏有沈泊尘《百美图》正续四册，以避难失之。闻先生年未而立，遽赴玉京，致大名与岁月俱湮，良可浩叹也。

吴大澂

吴大澂先生，字清卿，号恒轩，清吴县人。同治进士，累官广东、湖南巡抚。光绪甲午中日之战，督师出山海关，以兵败革职。工篆籀行楷，纯朴郁茂。嗜古金石，研究鼎彝古匋、泥封印钵文字，多得定论。获微子鼎,见镌文中"客"字作"宷",遂自号"宷斋"。著《宷斋诗文集》《宷斋集古录》《说文古籀补》《古玉图考》《恒轩吉金录》等行世,赏鉴家莫不宗之。

丰子恺

丰子恺先生能文善画,近代知名。笔法浑脱,不求甚工。绘人面,只一鼻。题材警世,印像殊深。早岁留学东瀛,习音乐,旋攻绘事,故于艺术无所不精。返国后,师事弘一大师,受其影响,嗜素信佛,为物请命,绘《护生画集》流传甚广。又著《子恺漫画》,车厢社会,讽旨深刻。更著音乐美术,嘉惠后学。

吾尝于先生所著之《艺术趣味》中,见图画世界一篇,其大略谓乘电车,见其中一人头形若寿星,而皱纹满面,俨一篆文之"寿"字,不禁大异,顿忘身在广众,竟以画尺隔座量之,此可谓神游之化笔矣。后厌海上尘嚣,隐居石门湾,署其居曰"缘缘堂",焚修其中。偶抒性灵之作,如《缘缘堂日记》及漫画,散见各报。战事西移，缘缘堂毁，乃赴宜山，就浙大讲席，作风丕变，宣传救亡。海上艺坛，墨宝久寂，爱好法绘者，望穿秋水矣。

林琴南

闽侯林先生纾，字琴南，初名群玉，号畏庐，别署冷红生，蠡叟。光绪举人。入民国，尝任北京大学教授。致力古文，诗品清新湛秀。间作画，得烟客风味，如初写《黄庭》，恰到好处。所译欧美小说甚多，名重一时，尤以《茶花女遗事》《块肉余生述》《吟边燕语》《黑奴吁天录》《战血余腥记》《剑底鸳鸯》诸书为最著。惟不谙西文，所译皆出于他人之口述。民国十三年卒。

赵之谦

赵之谦先生，字㧑叔，号益甫，别号悲庵，晚号无闷，清会稽人。咸丰己未举人，官江西南城知县，颇著政绩。工书画篆刻,书宗颜平原,继习北魏,画则兼通南北二派,篆刻折衷于浙皖之间,能以镜币瓦甓之意入印,并著称于时。撰有《悲庵居士文存》《诗剩》《二金蝶堂印存》《六朝别字记》,并刻有《仰视千七百二十九鹤斋丛书》。

曼殊大师

曼殊大师,又号玄瑛和尚,俗姓苏,吴人。天才越俗,奇气奔放,诗、书、画有三绝之誉。曾留学东瀛,潜心密宗,得日本多闻院大僧正之法,情场失意,遂易服为揭谛,住持白云山能仁寺。酒食征逐,不斤斤于沙门,行径风雅,酷似宋朝佛印禅师。

一日赴宴,有友索画,不应,再三嬲之,乃捉笔于左纸角,绘一小舟,右角着一纤夫,复悬腕描细而长墨线一条,横贯于人舟之桅背,题四字曰"牵丝攀藤",掷笔大笑。同席传观,为之喷饭,其游戏文章如此。

今烟云久渺,墓草青青,乱离时世,早归极乐,生浮死休,安知非上人之福乎?

周亮工

　　周亮工先生,字减斋,号栎园,祥符人,移家白下。历仕明清两朝,爱民清正,博雅风流,落墨便超。字学《砖塔铭》,得其神韵,片楮价重兼金。间写松石,简淡清逸。好古图史书画,方名彝器。著《读画录》凡四卷,皆其家藏之画,为海内鲜见之本,出处颇为精审。撰《印人传》凡三卷,于《赖古堂印谱》诸人,各为小传,足为篆刻家考证之资。又编《字触》《书影》等书行世。康熙十一年卒,年六十一。

黄石屏

　　金针大家黄石屏先生,生于阀阅之家,乌衣公子也。于诸兄弟行,齿最稚,体最弱,后得某名僧传,遂擅绝技,万病一针,医林播为美谈。

　　相传岳麓老僧,以寺田被土豪鸠占,发生争执,历讼府县，均不得直，乃愤诣省上控。时为巡抚者，乃先生父黄公也，清正刚直，不畏权势，接呈审断，廉得其情，归僧曲豪，案遂了。事过境迁，不复置念。

后倦政旋里，忽患痰症，遍延名医诊治无效，如石沉海。忽忽三冬，终无起色，抚膺自叹：生平尚无非分，何天厄我一至于斯也。适老僧闲云野鹤，来主此山，不忘黄公曩日大德，造门请谒，阍者拒之。僧曰："试为通报，云治下受惠僧某求见。"阍者曰："大人疯疾缠绵，卧内室，不见客，遑论大师。"僧曰："若然，更欲见大人，贫僧无他长，擅金针，善疗痰癖，烦管家姑入言之。"

阍者禀黄公，忆僧事，度其来意不恶，遂命延之，诊脉已，云："尊恙三壮可愈，勿忧也。"如法施术，一来复后，杖履如仙。公谢之，张筵款待，促膝谈心。询曰："师怀奇艺，亦有传人乎？"僧叹曰："未也。吾术有三得，即初得师，次得地，终得人也。"公曰："某愚昧，有不情之请，愿师勿哂，可则行，否则亦不强。"僧曰："正患无以报德，公何出此言，望直示。"公曰："豚儿数辈，似非不鸣之鸟，愿师择一教之。"僧曰："可。"

193

因命诸子环列，僧遍相曰："诸公子头角峥嵘，非池中物，惜都无缘，奈何？"公曰："尚有少子石屏，体羸不与，今姑命来。"僧一见报可。惟与公约，三年内，不得预公子事，食教由老衲任之。公首肯，僧掣先生归寺，辟室使静坐练气，继教以暗室运目，然后出铜人图，授以飞针之法，寒暑三易，道成遣归。而先生神采飞扬，迥异往昔云。

崔子忠

崔先生丹，字子忠，一字开予，号北海、道母，又号青蚓，明顺天人。曾游董思翁之门，甚相契重。细描设色，能自出心意，趣在晋唐之间，不袭宋元窠臼。所写人物，卓荦幽雅，仕女娟妍静逸，与陈洪绶齐名，人称"南陈北崔"。更以文学知名于时，妻女皆娴绘事诗词，相与摩挲，共相娱悦，间出以贻相善者。

一生无润笔。且极诋之，谓为插标卖首，虽穷饿，掉头不顾也。崇祯甲申后，走入土室死。明季忠义之士，其作品尤足珍也。

常莹上人

常莹上人,法名珂雪,嘉兴人。俗姓季,名肇亨,字会嘉,又号醉鸥。精画理,山水与赵文度齐名,淡墨干皴,深入元人之奥。为娄东超果寺僧画葡萄,随意挥洒,韵致嫣然。喜写松木竹石,得者宝之。

书法临摹各家,无不神妙。晚年仿褚河南,尤能得其精采,天下无匹也。又工诗,作机锋语。悟禅静穆,逊清之高僧也。

高吹万

金山高先生燮,字吹万,工书善诗,当世颜、柳、李、杜也。筑闲闲山庄于张堰,花坞书城,极偃仰啸歌之乐。战云迷漫,烽火连天,洁身来沪,藏书三十余万卷,被劫一空,诗文稿亦散失无遗,即当年倩陆廉夫所绘之《寒隐图》,及曼殊、龙丁、寒琼所作之《风雨勘诗图》,亦均为肱箧者取携而去。

先生闻讯,痛不欲生。秦灰未烬,鲁壁犹在,著

《幽明唱和录》，遍赠相知，所以志念其亡女韵芬女士者。又节钞《吹万楼日记》，排日刊登《时报》副张。诗文典雅，亦多忆女之作。

阎立德

阎先生让，字立德，雍州万年人。隋少监阎毗之子，仕唐为将作大匠、工部尚书，封大安县公。传父业，绘古今人物故实称名手。尝作《朝贡图》，状异方人物诡怪之质，虽梁魏以来名手不能过。故时论有鸟章卉服，端簪奉笏之仪；魁诡谲怪，鼻饮头飞之俗。尽贱毫末，备得人情之誉。李嗣真亦云：博陵、大安，难兄难弟，象人之妙，二阎允号中兴。足见其艺之神矣。

阎立本

阎先生立本，以字行，立德弟也。唐总章初，拜右相，晋爵博陵男。善人物写真，尝奉诏写《太宗真容》《十八学士图》《凌烟阁功臣图》等，皆辉映前古。随驾泛舟春苑池，上见异鸟容与可悦，命侍臣坐而赋诗，召立本俤状阁外，传呼画师阎立本。时立本已为郎中，俯伏池左，吮丹研粉，望坐者，羞愧流汗。由是归戒其子曰："吾文辞不减侪辈，今独以画见知，与厮役等，若曹慎毋习吾所业。"然亦终不能罢。

怀　素

唐僧怀素，善草书。居零陵东郊，贫无纸，酒酣兴发，遇寺壁里墙、衣裳器皿，靡不书之。尝于所居种芭蕉数万，取叶代纸，以供挥洒，号其所曰"绿天庵"、曰"种纸"。后道州刺史追作《绿天铭》。太白《草书行》："少年上人号怀素，草书天下称独步。"又云："吾师醉后倚绳床，须臾扫尽数千张。"又云："恍恍如闻神鬼惊，时时只见龙蛇走。"皆道其实。

有草书《千字文》传世，笔墨飞舞，如双鸿并翔，青天浮云，浩荡万里。

秦镜明

　　秦镜明先生，清泗泾人。以医名，于痘科尤神。一日，应邻邑之招，泊舟郭外，朝墩初曜，见一少女于桥阴室中织布，注视其面不瞬。有顷，谓其僮曰："汝试往抱其腰戏之。"僮曰："有父兄在，必饱老拳，此何等事，先生勿戏我。"秦曰："是有他故，汝第往，我在何惧！"

　　僮如其言潜往女后，力抱之，女大骇呼救，村人毕集，将执僮，秦于鹢首遥呼曰："吾所使也。"村人趋秦前，相将登岸，询以何故。秦问："是女，尚未出痘乎？"曰："然。"秦曰："是将出痘。然毒伏于肾，见点复隐，则不可药，吾故使僮惊之，俾毒提于肝，乃可着手。"

　　众信其言，知非欺，求为作剂。秦曰："某家病方亟，盼我如岁。离此间数里，有某君者，术颇工，可延之来。"

　　某至，即举手贺曰："是儿，吾早知其痘险，今幸作惊痘，无妨矣。"众告以秦事，某乃瓯心捧手，执弟子礼终身。

张善孖

张善孖先生，字虎痴，蜀人也。为中国近代名画家，山水人物，花木鸟兽，无一不工，尤擅绘斑寅将军。移宅于金阊阖家头巷之网师园，藉为息影挥毫之地。

有友自边馈以乳虎一头，为先生写生之需，得之大喜，亲饲勿懈。一年长成，文炳有威，驯不噬人，朋好莅至，辄狎虎以娱宾，兴至则伸纸，为山君作喜神谱，武怒雄猛，盖有风从箐密之妙。

先生以是虎有道行，乃使受戒于印光法师，牵之如上蔡李斯之黄犬。既见上人，命伏地作稽首状，印光上人登法座，喃喃诵咒，并摩虎顶，以尽其事。既毕，复由先生率之归。

不久虎病而毙，先生伤痛之，且讳莫如深，诡称纵之山泽间，以遂其性。虎痴之痴，可谓一往情深矣！

"八一三"后，兵戈惊变，先生来沪。上年冬，于斌主教奉命去美经欧，而先生亦携其杰作同行赴美，参加纽约与旧金山二处展览会，以宣扬我国文化，介绍近代艺术。途经巴黎，特假法兰西国家博物院举行画展，供彼邦人士之欣赏，出品百数十帧；亦有与其弟大千合作者，大都系苏州大风堂及牯岭二处所成，驰誉海外，获得成功，可断言也。

弟大千先生，清标绝俗，与兄齐名，合作《山君真相册》行世。

吴道子

吴道玄先生，初名道子，唐玄宗为改名道玄，而以道子为字，东京阳翟人。少孤贫，未弱冠，即穷丹青之妙。初授兖州瑕丘尉。明皇知其名，召入供奉，为内教博士，非有诏不得画。所作山水人物、佛像楼台、花木鸟兽，无不冠绝一时，有八面生动意，故世称百代画圣。早年行笔差细，中年行笔磊落，如莼菜条，号柳叶描、枣核描，其傅彩仅于墨痕中，略施微染，自然超脱，谓之吴装。写大同殿壁、嘉陵江三百里图，一日而就。

性嗜酒，欲挥毫，必须酣饮，醉后落墨若飞，如有神助。尝绘《地狱变相图》，能使东京之屠沽渔猎辈，见而惧罪改业焉。苏轼书吴道子画后曰："知者创物，能者述焉，非一人而成也。君子之于学，百工之于技，自三代历汉至唐而备矣。故诗至于杜子美，文至于韩退之，书至于颜鲁公，画至于吴道子，而今古之变，天下之能事毕矣。"

孙思邈

孙思邈真人，唐之隐士也，华原人。通百家，兼精医术，为人治病，着手成春。遇贫病者恒不取酬。

一日，有一猛虎踵门而至，曲前蹄，张其口，作跪求状。真人度其求医，视其喉已溃烂，盖食野兽，骨髓在喉间，思奏以刀圭，恐一觉痛，必口合指断矣，乃置一铜圈于虎吻，伸手去其骨，渗以药末，除其铜圈，虎摇尾而去。

越数日，虎复来，蹲户外，俟真人出，作乞其乘坐状，真人遂骑至病家，如此日以为常。

间有病家贫困未酬者，其虎驼真人归后，复至病家门不去。病家知虎虽不为患，然孩提颇呈惊惶，告之真人，真人亦不解其故。后察得顿时酬医金者，虎不复至，始悟其索酬也。真人即与虎言曰："凡有药渣在门外者，已酬矣，汝不得再去惊扰。"虎颔之，由此病家得安。

今人谓药渣弃置街衢，经万人踏者，病可即愈，盖以讹传讹耳。今之走方郎中，手摇虎撑者，即真人之遗风也。昔人评真人曰：名士不得志，多隐医卜之间。真人寿至百余岁，乃卒。著有《千金方》九十三卷传世。

白居易

白公居易，字乐天，唐太原人。始生七月，即能展书，姆指"之"、"无"二字，即能记认，百试不差。贞元中擢进士拔萃。元和初，入翰林为学士，迁左拾遗,奏凡十余上,后对殿中,论执强鲠,罢拜左赞善大夫,出为江州司马,累迁杭、苏二州刺史。西湖筑白堤。文宗时迁刑部侍郎。二李党事兴,居易恶缘党人斥,乃移病分司东都,以太子少傅进冯翊侯。会昌初,以刑部尚书致仕。与香山僧如满,结香火社,自称香山居士。六年卒,年七十五。谥文。

白义章精切,尤工诗,平易近人,老妪都解。鸡林行贾售其国相,率篇易一金。初,与元稹酬咏,号"元白";又与刘禹锡齐名,号"刘白"。有《白氏长庆集》七十一卷、《六帖》三十卷行世。

一女名金銮,十岁写《北山移文》,公为买石刻之。后公卒,葬龙门山,四方过者,必奠酒冢前,方丈之土,常成泥泞。

仇十洲

仇先生英,字实父,号十洲。本明太仓州人,移居于吴门郡城。与唐伯虎为同学,并出周臣门下。于前贤名笔,无不临摹,粉图黄纸,落笔乱真。发翠豪金，丝丹缕素，精丽艳逸，无惭古人。尝作《上林图》，凡人物、鸟兽、山林、台观，及旗辇、军容之属，类皆秀雅工致，极尽丹青能事。董玄宰誉之曰"实父是赵伯驹后身，虽文、沈亦未尽其法"云云。其艺之神，可概见矣。尤工仕女，神采生动，洵足称有明三百年工笔之冠。

文徵明

文先生徵明，初名璧，又字徵仲，号衡山居士，明长洲人。以贡荐试吏部，授翰林院待诏，举乡饮大宾，后致仕。诗文书画皆工，而画师石田，气韵神采，独步一时。又善写花鸟兰竹，淹有郭河阳、赵松雪、倪瓒、黄公望之长，均为当时所珍。嘉靖己未卒，享年九十有三。

沈石田

沈先生周，字启南，号石田，别署白石翁。明长洲人。博览群书，文学左氏，诗学白苏，字学黄庭坚，尤工于画。天资卓绝，更勤学。故能穷唐宋名家上下千载之奥。王稚登赞曰："休矣！煌煌乎沈先生之作，集厥大成，其诸金声而玉振者欤！"

先生与史西村同为当时名士，二人交尤莫逆，并结为儿女姻亲。先生家素贫，将嫁女，其夫人曰："女无妆奁奈何？"先生曰："无忧也，我有一副盛妆奁与他。"遂闭门挥洒两月，作山水人物数十幅，贮一巨箧为滕。西村夫人见新妇无奁具，启其箧，皆纸也，大恚，举火裂而焚之。待西村见而阻之，告其所以，则已焚其半矣。画名，与唐寅、文徵明、仇英，并称为明之四大家。

唐六如

唐先生寅，字子畏，又字伯虎，别号六如居士，明吴人。弘治戊午，举应天乡试解元。因会试与富人子同载北上，忌者构陷之，被嫌疑，几成大狱，终遭褫斥。

善丹青，师同里周臣，而青胜于蓝，凡山水、人物、花卉，无一不工妙绝伦。评者谓其远攻李唐，足任偏师；近抗沈周，可当半席云。诗古文词无弗工。赋性疏朗，任逸不羁，与张灵友善。中岁尤纵酒自放。晚好佛，筑室桃花坞，日醉饮其中，至今传为名迹。著有《画谱》及《六如居士集》行世。嘉靖癸未卒，年五十有四。

金圣叹

明末长洲人，本姓张，名采，后改姓金，名喟，一名人瑞，圣叹其字也。为人狂傲有奇气，尝言天下才子之书有六：一《庄》，二《骚》，三马《史》，四杜律，五《水浒》，六《西厢记》。因作各书批评，其《水浒》《西厢》两种，为世俗传诵。又《三国志演义》，载金序文，有"第一才子书之目，又果在三国也"之语，故后人以《三国演义》为第一才子。

清初以抗粮哭庙案被诛，临刑仰天大笑，语其子曰："腐干与花生同食，有火腿滋味，牢记心头，勿传他人也。"授命俄顷，尚狂放不羁如此。

甘凤池

逊清雍正末，有屠夫某，习拳勇，膂力过人，大有项王拔山举鼎之能。平日目无余子，雄视一方，常欲一显其技。

一日，怀银锭一枚，箕踞桥栏之上。谓有能推之使起者，当以此银为寿。于是纠桓之夫，贾勇试之，终不稍动。俄有一乡人肩担而来，众告以故，乡人欣然弛担，出其不意，将某推倒，取银欲行。某深以为辱，执乡人欲与角艺，乡人知不敌，愿以原物奉赵，不敢较，某不允。

正相持间，适一过客健步而来，短小精悍，英威奕奕，闻其事，作和事老，劝某释手，弗听。客令乡人姑与较，许以相助，某夜郎自大，毫不措意。遂约定各受三拳，而愿以身先之。言毕，某背墙而立，一任乡人猛击。迨击罢，令乡人倚立如前，某甫一伸手，客以口吹气，则见乡人已腾空，植立于客之后，而某拳不及收，竟入墙尺许，陷不能出。

客令乡人取银速去，复将某嘲讽之，然后扬长而去。客为谁？江南大侠甘凤池也。

李龙眠

李先生公麟，字伯时，号龙眠山人。宋舒州人。元祐进士，为泗州录事参军，官至朝奉郎。元符庚辰致仕，归老居龙眠山庄，好古博学，长于诗，多识奇字，工书真行，不灭魏晋人笔致。文章有建安风格，立朝亦藉藉有声。尤善画，从秀铁面游，致力白描，遒劲高逸，如屈铁丝。鞍马愈曹霸，人物似韩滉，山水追思训，而潇淡则伯仲辋川，佛像则可进道子，世称有宋画家第一，非过誉也。

余曩游南海，尝观补陀某茅蓬，所藏法作《莲社图》卷，诸像飘飘有天人相，细入微茫，而高古超越，非尘凡面目。听经法侣，皆皈心合掌，若群石点头，真神采之笔。长沙李东阳题二绝云："谁写庐山十八贤，白头居士老龙眠。药囊经卷随行杖，如在香炉瀑布前。""莲社风流远市朝，几人身迹混渔樵。陶翁心迹谁能识，惟有攒眉似折腰。"

葛可久

明初名医葛可久先生，吴人也。会太祖率大将常遇春与陈友谅大战，飞箭如蝗，蔽天塞野，流矢中常臂，当时微麻，归营拔箭，紫血汩汩而流。俄而头目晕眩，突然倒地，不省人事。召军医来，为急治之。医熟视曰："是中箭镞毒药，发将不治，我无能为，其速延吾师葛先生诊治，或有回天之术也。"乃星夜聘葛，驰骤军营，为常裹创敷药，处方解毒，下黑血斗许，一剂知，三剂愈。

太祖德之，欲留军中封以官职。葛辞曰："山野鄙夫，不惯羁绊，乞恩放归，以行道于民间。"太祖遂以礼遣，舆马送归。著有《保真汤》等良方传世。

赵子固

画隐赵子固先生，湖州人，本宋之宗室，子昂之从兄也。国亡，入元朝，不乐仕进，隐居州之广陈镇。子昂觍颜事元，官翰林学士，自苕来访，公闭门不纳，夫人劝公,始令从后门入。坐定,第问:"弁山笠泽近来佳否?"子昂曰:"佳。"公曰:"弟奈山泽佳何?"子昂退,使人濯坐具,以除不洁。

买舟西子湖,放棹中流,饮酣,脱帽以酒晞发。薄暮入西泠,掠孤山,舣棹茂树间,指林麓最幽处,瞪目绝叫曰:"此真洪谷子、董北苑得意笔也!"邻舟数十,皆惊起骇绝,叹以为真谪仙人。

赵子昂

赵孟𫖯,字子昂,初号水精宫道人,继称松雪道人,宋太祖裔孙。幼多慧能,为文立就,当时比唐之李白、宋之苏轼。尤好习书,登楼十年,精习不倦,遂得承二王衣钵,以书名甲天下。延祐三年,拜承旨荣禄大夫,封魏国公。

鲜于枢谓公书,篆、隶、真、行、颠草,为当代第一,而小楷又为诸书之第一。盖公天资英迈,益以积学功深,故得尽掩古人,超入魏晋,非维并元常之驾,直可媲二王之美。落笔如风雨,日书万字,平生所好，有求必应，不索润也。故赵书，在世独多，而人益宝之也。

善山水，为画家南宗。兼工人物，写马尤为千古绝唱。曾绘《八骏图》，心慊仰马姿势之不确，乃以墨汁遍染己臀，印于纸上，以为模范。

诗文清遐儒雅，人所莫及。作《海赋》，全篇文字皆水部。所著曰《松雪斋集》，凡十卷。

杨云史

杨先生圻，字云史，别署江山万里楼主，常熟人。文才卓绝，独树一帜。昔年曾任吴佩孚将军秘书长之职，自吴退隐，先生遁迹故乡，以诗自遣。常熟沦陷后，即携眷赴港，得句云："香粳饭熟晚菘美，天下至味惟蔬食。"对常郡不守，感喟尤深，赋诗曰："故乡奇胜甲天下，拳石撮土无痴顽。南寻丘壑不如意，益思吴越深长叹。近时边瘴皆乐土，一念家山清泪潸。自嗟衰病筋力软，当前峰壑愁跻攀。山灵笑我不深入，空抱瑶骨鸣珊珊。"淡泊明志之作，可见一斑。

管道昇

管夫人道昇，字仲姬，吴兴人，赵孟頫之室也，封魏国夫人。画墨竹梅兰，笔意清绝。亦工山水佛像。翰墨词章，不学而善，书牍行楷，八法曼妙，殆与其夫不辨。卫夫人之后，无与俦者。

一日，见粉捏人儿，取笔书小词示赵曰："千揉百杵，夫妻二人同融化。再捏一个儿你，捏一个儿我。"浓情蜜意，溢于辞表，洵清闺之雅谑，亦百世之佳话也。

近睹法绘《紫竹庵图》真迹，为临川李氏所藏，用笔细秀，一庵之外皆新篁，间以灵石，庵中一僧一经卷而已，古穆渊静，宜为后世所珍。

王子平

王先生子平，河北省沧县人。幼膂力过人，善砸石，邑人无出其右者。从武术家沙宝兴及李姓者游。既入马子贞将军部下，复得名师数人指授，艺更猛进，为全军冠。在青岛战胜日人佐藤及西人可治玛等,名乃大噪。游历京津,研习各派武艺,遂于民七制胜俄国大力士康泰尔。

民国十二年,西人波路明、斯达夫、乔治、彼得等来沪,设万国竞武场,大登广告,征求中华敌手,并自称较之败于霍元甲之奥皮音,及败于王子平之康泰尔为强,蔑视华人,激动全埠。

时王先生方客青岛,闻信莅沪,先以函质问该西人,命其即取消万国字样,复经人介绍,双方晤面,过磅体重定期比赛,西人最轻者二百九十五磅,而王先生仅一百四十磅。届比赛时,该西人等自知不敌,忽遁词宣布因事回国,万国竞武场亦从此无形消灭。此亦武术界一段趣史也。

晚近以来,为吾国武术界争光荣者,霍元甲后,王先生实首屈一指,热心武术,当更有建树云。

梵隆大师

宋僧梵隆大师,字茂宗,居吴兴之菁山。善画山水人物,高宗雅爱之,因得名于世。余承至友沈君赠师之《十六罗汉渡水图》影本一册，衣褶飘逸，笔法高古，具十六相，无一雷同，写生妙手，名不虚传也。吴兴钱舜举跋云："此卷乃茂宗笔，观其经营布置，作罗汉渡水状者，或扶或倚，深则厉，浅则揭，回视顾盼，无不毕备，此茂宗之所以过于人者，予甚羡之。"笔致解脱，设布奇险，真贯休劲敌也。

李肖白

昆山李肖白先生，书宗六朝，出入秦汉，寝馈功深，名振海内。善属文，宏论法言，散见报章杂志，明白晓畅，为艺林所餍服。复悯国粹陵替，字学沦亡，出其心得，广传笔阵，自创肖白书法学校，兼任中华职业补校教师，经其启蒙，多收殊效。

近为家伯母柳太夫人法书五十寿序，端雅雄逸，一气呵成，丰若有余，柔若无骨，动静相兼，刚柔相济，沉雄朴茂，众美毕集。结体类《经石峪》，气魄似《瘗鹤铭》，如写《黄庭》，恰到好处，洵出类拔萃之作，亦吾家百世之宝也。

俞剑华

俞剑华先生，字玉愚，山东历城人，侨寓沪上。书画精妙，蜚声艺苑。数十年来，孜孜不倦，书法各体俱工，尤擅山水。足迹所至，辄以画具自随，取彼天然丘壑，运以古人笔墨，融千山万水于毫端，冶南宗北派于一炉，章法之奇特，设想之新颖，运笔之古雅，设色之纯厚，非常人所能企及。著有《中国绘画史》《国画研究》《历代画论大观》《现代画论大观》《中国画家人名大辞典》等书行世。

其哲嗣名晶，字乐堂，年方十四，亦工各体书。凡甲骨钟鼎、石鼓秦篆、汉隶魏碑，无不兼擅。今庚六月，尝在沪开父子书画展，秀雅古朴，天趣盎然，二米三苏，不得专美于前也。

谢侠逊

棋王谢侠逊先生沉机观变，善战能守，参知己知彼之妙悟，狄百战百胜之令誉。曩年主编《新闻报》

象棋残局,橘戏家奉为枕秘。曾以万国象棋,获一九三五年之中、英、美、德、奥五国冠军奖杯。

上年奉中央重命,宣慰南洋各属,并导购救国公债,导演象棋助赈。至菲列滨,在青年会召开全体侨众救亡大会,众志成城,各界公认月捐国币五十万元,每月照缴。

莅荷属东印度时,经先生多方鼓励,并用连锁法购买公债,计每人购买五盾;又介绍十人,群情奋发,突飞猛进,捐债成绩,达国币一千万元。

游马来亚各埠,假广场为棋局,以美女为棋子,先生指挥若定,演棋助赈,所有收入,悉数交由各筹赈会缴交行政院收。

星嘉坡三晚,吉隆坡六晚,马六甲三晚,太平三晚,槟榔屿三晚,荷属巴达维亚三晚,收入国币约二万余元。又在吉隆坡推动献金运动一月,由施领事主持,得国币三十余万元。

先生以一艺人,而能远涉重洋,为国宣勤,技动并昭,他年其为国史馆中人物乎!

白　蕉

　　云间白蕉先生,海上名书家。与龚翁莫逆,雷陈胸襟,神契冥合。龚翁曰:"数年前,遘云间白蕉海上,卓荦偏人,隽雅独绝,与谈艺事,少所首肯,知其自视甚高。其后数投简札,虽甚草草,而使转波折,自具家数。结束似山阴,桃逗似大令,而缓毫蹲节,则又直接太傅,知其于三家书者深矣。"邓文一唱三叹,高妙复绝,有弦外之音。

　　先生往年曾订一别开生面之书画篆刻小约,乃以应付亲故者。润例云:从中华民国二十年元旦起,凡欲白蕉写字作画篆刻者,概略不酬,各件不论尺寸分毫,求者必须履行下列条件之一:计纳好纸三四纸或七八纸,好墨一块或两块,名香一盒或两盒,名烟一听或两听,名酒一瓶或两瓶,好笔一支或两支,好石一块或两块,此区区各取所需之旨,交易公平。惟如有以八寸以上旧碑,各式旧笺,多年上好墨,旧拓碑帖,百年前之陶瓷,及千载上之破铜烂铁见贶者,则白蕉大喜过望,视来者所需,必有善报云云。风雅淳朴,迥非近人之稍能握管者,即以铁门槛限之,如吴退楼之无润不墨,郑板桥之非现银不润者,所可同日而语。

比年避兵,就食孤岛,或亦幡然改约,以谋升斗矣。近得友馈光华附中毕业刊,赫然获睹先生真迹,垂露悬针,果如龚翁所言;而客串墨画小品,梅兰竹也,神韵欲流,书画同源,深为击节。察其印曰:"献子"、"江水词人"、"吴国白蕉"、"金山海曲居士"。为外人所罕知,喜而录之。

李 白

李白,唐人,字太白,生于蜀昌明之青莲乡,号青莲居士。天才英特,诗酒疏狂。贺知章见其文,叹为谪仙,言于玄宗,写吓蛮书,供奉翰林,甚见爱重。后坐事,长流夜郎,遇赦得还。所为诗高妙清逸,与杜甫并称诗宗。

尝乘驴过华阴县,县令止之。白索笔书自供状曰:"予生西蜀,身寄长安。天上碧桃,惯餐数颗,月中丹桂，曾折高枝。曾使龙巾拭唾，御手调羹，贵妃捧砚，力士脱靴。想知县莫高于天子，料此地莫大于皇帝。天子殿前，尚容吾走马；华阴县令，不许我骑驴。"令大惊谢之。

吴友如

吴先生嘉猷，字友如，元和人。清末名画师。人物山水，翎毛花卉，无不工妙。中岁应《点石斋画报》之聘，主绘白描石印。风俗人情，曲曲写生。大规模作品，如迎神入庙，首尾四图自相衔接，人物如蚁，达四百以上。有关当时迎神之一切队伍，旗幛锣鼓，平台仪式，应有尽有。尺幅之内，包罗万象。

又帝城胜景，亦瑰丽伟大，除容纳人物数百而外，亭台楼阁，花草池塘，农村梵寺，板桥茅店，罗列清疏，点缀得宜，当时虽名作如林，符艮心、金蟾香、周慕桥、张志瀛、何元俊诸家，工力相敌，旗鼓相当，而先生燕许大笔，隐为祭酒，开我国之先河，启画报之滥觞。

其后离点石，自创《飞影阁画报》，更精绘百兽图说、闺艳汇编、沪装仕女、时事讽刺，纸贵洛阳，风行四海。

近则鲁殿灵光，藏者殆鲜，其后人辑为《吴友如画宝》行世，皆自两报复印而成，去芜存菁，不过得十之五六耳。又作《西游记》插图百幅，绘制工细，规模宏大。

智永禅师

晋代智永禅师，逸少七世孙。克嗣家法，居吴兴永欣寺阁上，学书三十年，所退笔头，置大竹簏，簏受一石余，五簏皆满。人来觅书，并请题额者如市，所居户限为穿，乃用铁叶裹之，谓为铁门限。后取笔头瘗之，号为"退笔冢"。著有《千字文》草书行世。

张兆东

张先生占魁，字兆东，直隶河间后鸿雁村人。幼秉庭训，习少林拳、迷踪拳。年二十，遇李存义、田静杰、耿继善诸先生，同拜刘奇兰先生门下。刘先生系李洛能先生入室弟子，与郭云深先生同学，此张先生习形意拳之始。后至北京，复遇程廷华先生，再邀李存义先生、刘凤春先生结为七弟兄，同拜董海川先生为师，学八卦掌。张先生年最幼，诸先生皆以老兄弟呼之。程先生曾曰："吾辈兄弟中，他日享寿最高，享名最盛者，惟老兄弟一人而已。"今诸先生先后辞世，仅张先生与刘凤春先生尚健在。

张先生教人，热心毅力，义气诚恳，足为后学矜式，非今之独守秘密、故神其说者可比。先生练武，五十年如一日，尤长于八卦掌，为同门公认。所遇名手极多，亦莫不以义拜服，未尝为人所制。其门弟子不下千人，若韩慕侠、刘锦卿、刘潮海、王俊臣、李存富，皆佼佼者也。子名士广，字远斋，亦能传先生之衣钵。

天宁寺僧

前清时，常州有护国寺僧普因者，本为剧盗，能于夜间及天明前至数十里外，或百余里外，劫掠孤单行客。劫后仍返寺中，来去如风，数十里往返，直一瞬息耳。以故寺中不疑普因为盗。

会普因于鸡鸣前至奔牛，劫一行客，客囊中有银二百元，欲至常州贩豆，乘黑夜行，为普因所劫。顾是客生有异禀，凡人一为所见，即终身能识其人，星光之下，虽面目不易细辨，然已默志胸中，知为僧也。

普因劫得二百元后，飞驰逸去。客亦踽踽来城，欲求援于亲友，且欲遍至各寺访此盗僧。先至护国寺斋堂，诸僧方饭，客忽见普因，识其为盗，然不敢遽发，入访方丈告之。方丈大惊，急遣普因他往，而搜其箧，则赫然原赃犹在。

方丈欲擒之，而知其武技至高，不易捕获，求助于天宁寺方丈。方丈派二老僧往助，临行时，戒之曰："汝二人武术虽精，与普因较，犹未能定；逆计汝辈往时，彼必破屋而上，升腾之时，当视其膝之弯曲为衡，两膝弯曲而上者，汝辈可以擒之，苟不曲而直者，则非汝二人所能敌矣。"

二僧唯唯而行，同至护国寺，先坐斋堂以俟。无何,众僧毕至,客于诸僧进饭之间,倏然而入,指普因曰:"此劫吾二百元之盗也!"方丈厉声曰:"擒之!"普因已应声跃起,穿屋而上,顾其膝弯而不直。天宁寺二僧,亦从屋而上,一瞥眼间,普因已为二僧所获,缚至石灰池浸之。石灰沸腾,缚索尽断,普因目盲骨露,犹能跃登短墙,以无肉之手,抚其肋骨。有一种菜者在旁,见之大惊,以为怪物,举锄击之,立坠池中,转辗而毙。

此天宁寺二僧,一名桂祥,工远打术,能于百步之外击人,即隔一墙,亦能透墙而出。人有请其试验者,先阖其门于二十余步之外,一伸其掌,门上即砰然作声,三试皆然。寺中大殿起火之时,肩两水桶,飞上九丈之高。自云曾任清军记名提督,因悟彻人生不过如是,是以出家。一代英雄,置身空门,佗傺以终,为之掷笔三叹!

戴　熙

戴先生熙,字鹿床,号醇士,清浙江钱塘人。道

223

光进士，官至兵部右侍郎。癖嗜古钱，考核甚精。洪杨之役，在籍办团练。咸丰辛酉，洪部陷杭州，死之，谥文节。诗书画并有名于时。所画山水，尤为世推重，与汤贻芬齐名，著有《画絮》及《粤雅集》。

余曾睹法绘《鸳湖春櫂图》卷，洁净如新，首尾微损，仿松雪没骨法，远山笼翠，烟波浩淼，一叶扁舟，放乎中流。堤上青柳，高下五株，茅屋三间，绿筠密布；飞鸦数行，回翔空际，含晚晴泛舟之意。全卷用墨，染多皴少，极潇洒出尘之致，画苑珍品也。

蔡 邕

蔡邕，字伯喈，东汉陈留人。性笃孝。博学，好辞章、天文、术数，能画，善鼓琴，尤工八分书，为古今之冠。建宁中，拜郎中，奏定六经文字，自书册立太学门外，后学咸所取正。后坐法，髡钳徙朔方，赦还。献帝朝，董卓为司空，强辟之，三日之间，周历三台，为侍中。初平初，拜中郎将，封高阳乡侯。邻人以酒食召，比往，客有弹琴者，邕潜听之曰："嘻！以乐召我而有杀心,何也?"遂反。主人追问其故,具以告。弹者曰:"我向鼓弦,见螳螂方捕鸣蝉,一前一却,吾心耸然,惟恐螳螂之失蝉也,此岂为杀心而形于声者乎?"邕叹曰:"此足以当之。"

其女名琬,方六岁,邕夜弹琴,忽绝一弦,琬闻之曰:"得毋第二弦乎?"邕曰:"然。"又故绝一弦以问之,琬曰:"第四弦。"邕曰:"汝特偶中耳!"琬曰:"季札观风,识四方兴衰;帅旷闻律,知南风不竞。由是言之,何云偶中?"邕乃叹服。次女琰,字文姬,博学才辩,妙解音律,后遭乱没于匈奴十二年,作《胡笳十八拍》。王允诛卓,邕坐党卓死狱中。著有《独断》及《蔡中郎集》。谤之者,作《赵五娘琵琶记》以污之。故放翁诗曰:"身后是非谁管得,满村争唱蔡中郎!"

王师子

王先生伟,字师子,号萍楼,别署墨稼居士,句容人。致力书画之学,垂四十年,驰骋艺坛,久著鸿宝。今秋九月,出其所作精品百余件,开书画展于大新画厅。画则花卉树石，鸟兽虫鱼，宋元写意，各极其妙。写鲤尤称海内独步，活泼生动，宛在水中；书则籀篆隶分，古茂绝伦，题跋行草，挺秀苍劲。余尤爱其自题鲤诗曰："海上仙人不可招，前尘莫漫话琴高。纵横此地烟波阔，何必龙门跃惊涛。""迢迢何故滞乡音，望断相思万里心。怪底洪乔递不到，锦鳞先自爱浮沉。"

白泰官

清代江南大侠白泰官，武进东乡人。精拳术，勇智兼全，与甘凤池同门。常为人保镖，遨游数省，未尝遇敌手。

一岁奉官委，领镖至山西，入太行山，憩于逆旅，忽一僧相貌凶恶，气焰威猛，持帖来拜，自称铁肚佛，知绿林之魁也。

白问来意，僧曰："大名远振，敬慕久矣。今来较艺，凭君先打三拳，如不能胜，车中物，悉当见惠。"言毕，即敞衣挺肚而立，稳若山岳。白艺高胆大，即亦不惧，试择其要害处，奋力击之，僧不少动，白大惊，僧笑曰："技止此乎？原银勿动，明日当来取也。"

白终夜自思，不能成寐，忽忆师言，凡遇僧道挺身出斗者，必有绝人之技，惟能练气，将人道缩入少腹者，不可轻敌，今僧犹累然下垂，似尚可乘。

次早，僧驱健驴来，白迎之，笑曰："吾师神勇，令仆五体投地，能再凭我打一拳否？"僧曰："可。"蹲伏不动。白于数步外，取势猝进，但闻僧狂叫一声，两睾丸已为白抟置掌中矣。僧遂遁去，不久创重而毙。

陶渊明

陶先生潜，名元亮，字渊明，晋浔阳柴桑人，侃曾孙。志趣高洁，不慕荣利。其诗冲穆淡雅，文亦超逸高古。洁身自爱，穷困非常，三十日才吃九顿饭，十年戴一顶蓝帽。起为州祭酒，后为彭泽令。在官八十余日，岁终，郡遣督邮至县，吏白应束带见之，先生曰："我岂能为五斗米折腰向乡里小儿！"即日解印绶去职，赋《归去来辞》以见意。家居安贫乐道，以诗酒自娱，徜徉自适。义熙末，征著作郎，不就。元嘉初卒。世称靖节先生。著有《陶渊明集》,凡十卷。

　　生平最爱菊花,有诗一首,脍炙人口。诗曰:"采菊东篱下,悠然见南山。山气日佳夕,飞鸟相与还。此中有真意,欲辩已忘言。"